PIT BULL

AMERICAN PIT BULL TERRIER

Foto da Capa:

Angels in Fire Alena
3 anos de idade
Criador: Alexandre Von J. Murad
Piçarras - SC

MÁRCIO INFANTE VIEIRA
Médico Veterinário
Fundador e 1º Presidente da Associação Fluminense de Cunicultura
Membro do Centro de Estudos de Informação e Extensão Agrícola
Conselheiro do Alto Conselho Agrícola do Estado de São Paulo
Assistente da Divisão de Medicina Veterinária do Instituto Vital Brasil
Membro do Conselho de Agricultura do Estado do Rio de Janeiro
Fiscal da Carteira Agrícola do Banco do Brasil
Coordenador Técnico do Banco Central do Brasil
Presidente da Associação Brasileira de Criadores de Coelhos
Credenciado pelo Ministério da Agricultura

PIT BULL

AMERICAN PIT BULL TERRIER

LIPEL

AMERICAN PIT BULL TERRIER
MÁRCIO INFANTE VIEIRA

3ª Edição Revista - 2004

Supervisão Editorial: *Jair Lot Vieira*
Editor: *Alexandre Rudyard Benevides*
Capa: *Equipe Edipro*
Fotos: *Cedidas pelo Autor*
Revisão: *Ricardo Virando* e *Richard Rett*
Digitação: *Richard Rett*

Dados Internacionais de Catalogação na Publicação (CIP)
(Câmara Brasileira do Livro, SP, Brasil)

Vieira, Márcio Infante, 1922-
    Pit bull : american pit bull terrier / Márcio Infante Vieira - Bauru, SP: Lipel Edições, 3ª ed. rev., 2004. – (Série Pets)

ISBN 85-89988-23-6

1. American pit bull terrier 2. Cães – Criação I. Título. II. Série.

03-7366   CDD-636.7559

Índices para catálogo sistemático:
1. American pit bull terrier : Zootecnia : 636.7559
2. Pit bull : Criação: Zootecnia : 636.7559

LIPEL - LIVRO E PAPEL LTDA.

BAURU : Rua 1º de Agosto, 2-61 - Centro - CEP 17010-011
FONE (14) 3232-6233 - FAX (14) 3232-4412

RIBEIRÃO PRETO: Rua Santos Dumont, 721 - Vila Tibério - CEP 14050-060
FONE (16) 636-3183 - FAX (16) 636-3844

SÃO PAULO: Rua Conde de São Joaquim, 332 - Liberdade - CEP 01320-010
FONE (11) 3107-4788 - FAX (11) 3107-0061

edipro@uol.com.br

SUMÁRIO

APRESENTAÇÃO 13

CAPÍTULO I
A RAÇA CANINA 15

CAPÍTULO II
AMERICAN *PIT BULL* TERRIER 17

CAPÍTULO III
O *PIT BULL* 21
    3.1. Generalidades 21
    3.2. Tipos 21
    3.3. Características gerais 23
    3.4. Caracterísitcas específicas 24

CAPÍTULO IV
O FILHOTE 27
    4.1. Escolha e seleção 27
    4.2. Antes da aquisição 27
    4.3. Na ninhada 29
    4.4. Brigas entre os filhotes 30
    4.5. Procedimentos para a aquisição 30
    4.6. Displasia coxofemural 31
    4.7. O sexo do pit bull 31

4.8. Cuidados com a cadela	33
4.9. Idade para a aquisição	33
4.9.1. Filhote	33
4.9.2. Cães adultos	33
4.10. Características dos filhotes	34
4.11. Documentação	35

Capítulo V
A Vinda do Filhote 37

5.1. Como segurar e carregar	37
5.2. Transporte	38
5.3. Novo lar	38
5.4. Ao anoitecer	39
5.5. Como alimentar o filhote	40
5.6. Ninho ou cama	40
5.7. Casinha externa	41
5.8. Cercadinho ou gaiola	41
5.9. Urinar em qualquer lugar	43
5.10. Urinando sempre no mesmo lugar	43
5.11. Para defecar e urinar – Filhotes	43
5.12. Para defecar e urinar – Adultos	43
5.13. Higiene	44
5.14. Água	44
5.15. Alimentos	44
5.16. Cuidados	44
5.17. Quando o cão pula nas pessoas	45
5.18. Proteção dos filhotes	45
5.19. Contenção, controle e localização	48
5.19.1. Microchips	48
5.19.2. Coleira	48
5.19.3. Uso da guia	48
5.19.4. O enforcador	49
5.19.5. Focinheira ou mordaça	50
5.19.6. Cabresto	50
5.19.7. Usar ou não a guia	50

5.20. Comunicação entre cães	51
5.21. Integração na vida humana	53
5.22. Exercícios	53

Capítulo VI
Evitando a Reprodução ... 55

6.1. A fêmea	55
6.1.2. Provocando um aborto	56
6.1.3. Cesariana e histerectomia	56
6.2. O macho	56

Capítulo VII
Reprodução do *Pit Bull* ... 57

7.1. Identificação	57
7.2. Machos	57
7.3. Fêmeas	59
7.4. Puberdade	60
7.5. Ciclo sexual – Cadela	61
7.6. O cio	61
7.6.1. Problemas no cio	62
7.6.2. Cio normal	62
7.7. Antes do acasalamento	63
7.8. Ritual	63
7.9. Acasalamento	65
7.10. A cobertura	65
7.11. Controle	66
7.12. Penetração do pênis	66
7.13. Depois do acasalamento	67
7.14. Antipatia sexual	67
7.15. Impotência sexual	68
7.16. Fatores psíquicos	68
7.17. Gestação	68
7.17.1. Duração	68
7.17.2. Diagnóstico	69

7.17.3. Gestações anormais 69
7.17.4. Gestantes - Exercícios 69
7.18. Alimentos na gestação 71
7.19. Falsa gestação 71
7.20. Falsa gestação e leite 72
7.21. Ventre sujo 73
7.22. Aborto natural 73
7.23. Aborto provocado 74

Capítulo VIII
O Parto 75
8.1. Comportamento na gestação 75
8.2. Preparando para o parto 75
8.3. Ninho ou cama 76
    8.3.1. Tamanho 76
    8.3.2. Tipos 77
    8.3.3. Proteção contra acidentes 77
    8.3.4. Higiene 77
8.4. Acompanhante 78
8.5. Parto 78
8.6. Parto próximo 78
8.7. Trabalhos de parto 79
8.8. Problemas no parto 81
8.9. Placenta 82
8.10. Cuidados da cadela 82
8.11. Como abrir a bolsa d'água 83
8.12. Cortando o cordão umbilical 83
8.13. Número de filhotes 83
8.14. Pós parto e cuidados 84
8.15. Sexo dos filhotes 85
8.16. Após o parto 86
8.17. Eclâmpsia 86
8.18. Temperatura dos filhotes 86

Capítulo IX
Os Filhotes 89
    9.1. Primeiros cuidados 89
    9.2. Seleção dos filhotes 90
    9.3. Filhotes com a cadela 90
    9.4. Órfãos 91
    9.5. Outros cuidados 91
    9.6. Esporão 92
    9.7. Saúde 92

Capítulo X
Lactação e Desmama 93
    10.1. Lactação 93
        10.1.1. Período 93
        10.1.2. Volume do leite 93
        10.1.3. Qualidade e composição 94
        10.1.4. Primeiro leite e colostro 94
        10.1.5. Mamadas 94
        10.1.6. Período de lactação 96
        10.1.7. Lactação – cuidados 96
        10.1.8. Alimentação suplementar 97
        10.1.9. Mamadeiras 97
    10.2. Desmama 99
    10.3. Alimentos pós-desmama 100
    10.4. Dar leite no prato 101
    10.5. Baias para alimentação 102
    10.6. Surdez 102
    10.7. Cuidados com as unhas 104
    10.8. "Banheiro" para filhotes 105

Capítulo XI
O Crescimento 107
    11.1. Período de crescimento 107
    11.2. Saúde e desenvolvimento 108
    11.3. Custo de produção 108

CAPÍTULO XII
A VELHICE 109

CAPÍTULO XIII
ALIMENTAÇÃO 111
    13.1. Generalidades 111
    13.2. Rações balanceadas 111
    13.3. Outros alimentos 112
        13.3.1. Carne 112
        13.3.2. Farinha de carne 113
        13.3.3. Peixe 113
        13.3.4. Ovos 113
        13.3.5. Leite 113
        13.3.6. Cereais 114
        13.3.7. Massas 114
        13.3.8. Açúcar: doces, balas, bombons e chocolates 114
        13.3.9. Legumes 114
        13.3.10. Frutas 114
        13.3.11. Sais minerais 115
        13.3.12. Vitaminas 115
    13.4. Água 116
    13.5. Distribuição dos alimentos 117
    13.6. Quantidades de alimentos 117
    13.7. Problemas de alimentação 118
    13.8. As refeições 119
    13.9. Dieta 119

CAPÍTULO XIV
HIGIENE 121
    14.1. Generalidades 121
    14.2. Higiene bucal 121
    14.3. Escovação 123
    14.4. Banho 124
    14.5. Banho a seco 126

Sumário

14.6. Outro tipo de banho ... 126
14.7. Limpar os ouvidos ... 126
14.8. Unhas ... 127
14.9. Olhos ... 127
14.10. Cosméticos de uso canino ... 127
14.11. Roupas ... 127
14.12. Brinquedos ... 129
14.13. Outros produtos ... 129
14.14. Muda ... 129

Capítulo XV
Doenças e Vacinas ... 131
15.1. Doenças ... 131
15.2. Tabela de vacinação para cães ... 132
15.2. Verminoses ... 133

Capítulo XVI
A Comunicação entre os Cães e o Homem ... 135
16.1. Os cães e sua linguagem ... 135
16.2. Os cães na sua casa ... 136
16.3. A linguagem do cão ... 136

Capítulo XVII
Treinamento ... 141
17.1. Do treinamento ... 141
17.2. Exercícios ... 142
17.3. Ensino ... 143
17.4. Palavras e ordens ... 143
17.5. Regras ... 145
17.6. Eles não são sujos ... 145
17.7. Como separar uma briga ... 147
17.8. Início do treinamento ... 147
17.9. Tirando as "manhas" ... 148
17.10. O "não" ... 148

17.11. Para o cão não arranhar a porta 149
17.12. Não mexer nas coisas 149
17.13. Vir até ao dono 150
17.14. "Junto" 150
17.15. Parar e se manter de pé 152
17.16. Sentar 153
17.17. Cumprimentar 153
17.18. Deitar 153
17.19. Fingir de morto 154
17.20. "Não" e "pega" 155
17.21. "Pega" e "larga" 156
17.22. Parar de latir 156
17.23. Não aceitar comida achada ou dada por estranhos 156
17.24. Buscar um objeto 158
17.25. Guardar imóveis, veículos, etc. 159
17.26. Nadar 160
17.27. Mergulho 160
17.28. Saltar em distância 160
17.29. Saltar em altura 161
17.30. Saltar na ida e na volta 163
17.31. Saltar obstáculos e buscar objetos 163
17.32. Escalar muros, paredes e barrancos 164
17.33. Andar à frente 164
17.34. Atacar 165
17.35. Revistar um terreno 167
17.36. 2ª fase deste treinamento 167
17.37. 3ª fase deste treinamento 167
17.38. 4ª fase deste treinamento 168

APRESENTAÇÃO

O **Pit Bull**, como é conhecido popularmente, esse extraordinário cão da raça **Americam Pit Bull Terrier**, era um cão criado e treinado principalmente para lutas em rinhas ou arenas que, durante uma certa época, ainda eram permitidas.

Por esse motivo, as suas características físicas de tamanho e resistência, eram as mais importantes, aliadas à sua imensa vontade de lutar, como poderá ser verificado no presente trabalho que, esperamos, será de grande ajuda aos seus apreciadores.

O Autor

Angels in Fire Alena
3 anos de idade
Criador: Alexandre Von J. Murad
Piçarras - SC

Capítulo I
A Raça Canina

Raça é um conjunto de animais domésticos que possuem as mesmas características físicas e funcionais e as transmitem entre si, através das gerações. Podemos mencionar que existem mais de 300 (trezentas) raças de cães. Não devemos, porém, rotular nenhuma delas pelo comportamento de alguns de seus membros, generalizando-o a todos os animais a ela pertencentes. Nenhuma raça pode ser, também, culpada pelos problemas de agressividade de alguns de seus cães. É um erro afirmar que uma raça é agressiva e culpá-la pelos ataques de alguns de seus exemplares contra pessoas, e querer proibir a sua criação. A hostilidade que alguns cães apresentam e os ataques por eles desfechados resultam, normalmente, de uma criação errada ou mal dirigida, sendo muitos deles atiçados e treinados, desde pequenos, para ficarem bravos e agressivos.

Também o isolamento, quando o cão é mantido solitário, principalmente quando é preso em uma corrente, o torna bravo, neurótico e agressivo. Além disso, qualquer cão, de qualquer raça, pode ser educado, treinado ou até selecionado, geneticamente, para ser violento e, por isso, quanto maior for o seu porte, maior é o perigo que pode representar e maior a responsabilidade do seu dono, pelo seu comportamento e pelas conseqüências dela resultantes.

O homem é que deve ser responsabilizado pelo comportamento do seu cão, pois é ele que o educa, treina, orienta, controla e programa os seus acasalamentos. Naturalmente, quando o animal apresenta algum distúrbio psíquico ou um desvio de comportamento, mesmo que seja genético, tornando o cão perigoso, o dono deve mantê-lo sob sua guarda, isolá-lo de pessoas e de animais e, além disso, o que é mais importante, deve impedir a sua reprodução. Sejam, no entanto, quais forem a raça, o tamanho ou outras características que possa apresentar, o mais importante para a vida do cão, em sociedade, é a da posse responsável pelo seu dono.

Chocola Arklon do Canchin
Macho - 3 anos de idade
Canil Pit Bull Asteca

Capítulo II
American Pit Bull Terrier

O nome dessa raça é composto das palavras *AMERICAN*, porque esse cão é originário dos Estados Unidos da América do Norte; *PIT*, que significa arena, pois ele era usado para as lutas em rinhas ou arenas; *BULL*, porque era empregado na lida com touros e *TERRIER*, que se refere ao seu padrão racial. Ela foi desenvolvida para a formação e o melhoramento de cães de briga, para as lutas em rinhas, populares na época em que eram permitidas naquele país. Por essa razão, a seleção do *Pit Bull* era baseada, não somente em suas características físicas (tamanho, robustez, etc.), mas, e principalmente, no seu temperamento, força de vontade, capacidade de lutar, agressividade, persistência e ferocidade demonstradas, principalmente, durante as suas lutas.

O *Pit Bull* é, realmente, um grande lutador, por ser valente, ágil, rápido e possuir muita garra, além de demonstrar muita força, resistência e tenacidade.

Devemos salientar ainda que, além da American *Pit Bull* Terrier, outras raças caninas foram, também, criadas e desenvolvidas para brigas e, entre elas, podemos mencionar a Bull Terrier e a Tosa Inu.

Somente em meados dos anos 1970, é que as brigas de cães e de outros animais (as conhecidas rinhas) foram proibidas nos Estados Unidos, como ocorre, atualmente, também no Brasil.

Devido à fama de ser um cão muito bravo e feroz, o *Pit Bull* é um dos cães mais conhecidos e temidos. Está se popularizando e seu número vem aumentando muito, e rapidamente, em todo o mundo, inclusive no Brasil. Isso ocorre por ser ele um cão de porte elegante, bonito, de boa muscu-

Angels in Fire Atika
3 anos de idade
Criador: Alexandre Von J. Murad
Piçarras - SC

latura, forte, resistente, de muita personalidade, e porque, embora haja sido criado como um cão de briga, para lutar em rinhas, é um ótimo cão de companhia, por ser muito amigo e leal a seu dono. Por esse motivo, ele vem sendo considerado um ótimo cão de guarda e, principalmente, de companhia, servindo para proteger as pessoas com as quais convive e, o que é muito importante, também como terapia para pessoas com problemas ou deficiências física ou psíquica.

O *Pit Bull* não é, portanto, tão perigoso para o homem, como muitos o consideram, pois só ataca quando é mandado; quando julga necessário para se defender; para proteger o seu dono e as pessoas com as quais convive ou quando sofre uma distorção no seu temperamento. Os juízes chegam, até mesmo, a desclassificar os *Pit Bulls* que demonstrem agressividade contra pessoas, pois isso não é normal. Eles, no entanto, são agressivos contra outros cães, embora essa característica possa ser controlada.

Devido ao grande interesse que o *Pit Bull* vem despertando, seu número vem aumentando muito, estando já bastante difundido por todo o mundo. As boas qualidades que ele apresenta, fazem com que seja muito cotado e procurado, principalmente como cão de guarda porque, devido às suas características, provoca medo nas pessoas mal intencionadas (ladrões, assaltantes, etc.), pois possui uma mordida muito forte e segura, é muito valente e forte e não tem medo, enfrentando qualquer inimigo, homem ou animal. A maior procura por ele ocorre, também, devido à fama que tem de ser um cão agressivo, quando necessário, muito valente, brigador e feroz, lutando até à morte, se não for apartado.

É a ferocidade, que lhe é imputada, que torna o *Pit Bull* tão famoso, principalmente através da mídia, com noticiários sobre violentos ataques a pessoas. Isso realmente, é raro acontecer, exceto quando ele é provocado ou defende seu dono e a família e protege propriedades, veículos, etc. contra invasores, ladrões ou assaltantes. Justamente por isso, que o faz tão temido, é que muitas pessoas o querem como proteção, como cão de guarda ou mesmo de companhia, para com ele sair, em passeios ou exercícios, como um eficiente guarda-costas. Querem-no, também, como demonstração de força e poder, além de sentirem prazer e orgulho de ter um cão dessa categoria em sua companhia.

A raça *Pit Bull* pode, mesmo, ser comparada às melhores raças caninas para guarda, como a Fila Brasileiro, a Rottweiler, a Mastim, etc.

Como as lutas de cães são proibidas em um grande número de países e repudiadas pela maioria das pessoas, as criações de *Pit Bull* vêm sendo orientadas para a produção de cães de guarda e, também, de companhia (por sua grande lealdade ao dono), assim como para exposições, não só em desfiles e exposições de sua beleza e qualidade física, mas também, das suas atividades, entre as quais *agility, schutzhund, weight pulling* e outras demonstrações de obediência, resistência, etc. Mesmo quando um *Pit Bull* macho possui um instinto ou temperamento acentuados, brigando com todo macho que encontra, atacando fêmeas quando não estão no cio e até filhotes com poucas semanas de vida, além de ser violento contra outros cães (com eles lutando até à morte), ele é amigo da família com a qual convive, principalmente do seu dono (como já o mencionamos), do qual é um companheiro leal e a quem defende até com a própria vida.

Um *Pit Bull* agressivo com pessoas não é normal e está fora dos padrões da raça.

Para que um *Pit Bull* se torne violento e perigoso para as pessoas, é necessário que ele seja treinado para isso; que o seu treinamento seja mal orientado, mal dirigido ou que o cão seja maltratado. Quando ele vive sempre preso e até acorrentado, sozinho ou em locais isolados, sem contato com pessoas, torna-se bravo e agressivo, podendo atacar até mesmo o seu próprio dono. Isso pode ocorrer, também, quando o cão resulta de acasalamentos mal controlados, principalmente consangüíneos, cujos resultados são cães de mau temperamento, nervosos ou até mesmo neuróticos. Fatores muito importantes na seleção de um *Pit Bull*, são a sua conformação, a sua movimentação e o seu temperamento, que deve ser estável e previsível.

Quando as suas linhagens são bem selecionadas pelo temperamento, os *Pit Bulls* não são, normalmente, agressivos com outros cães. Para comprovarmos esse fato, basta mencionarmos que há muitos proprietários que possuem vários *Pit Bulls* vivendo todos juntos e livres pela casa, quintal ou canil, sem nenhum problema e sem brigas, até mesmo com cães de outras raças e também com gatos.

Quanto mais "falam" do *Pit Bull* ou sobre ele, mais conhecido ele se torna; mais interesse desperta; mais pessoas o adquirem; aumenta o número de criadores e o seu número torna-se cada vez maior.

Capítulo III
O Pit Bull

3.1. GENERALIDADES

Quando ele era criado especialmente como cão para brigas ou lutas em rinhas, a seleção era feita, não só pelo seu exterior, mas e principalmente, pelo seu temperamento, "mau gênio" e pela sua "garra" durante as lutas. O principal não era ele ser gordo ou magro; alto ou baixo; bonito ou feio; qual a sua cor, etc., pois o importante era que o *Pit Bull* fosse um bom lutador, dentro e fora das rinhas. Por esse motivo, como não havia uma seleção de *Pit Bulls* pela sua conformação, eles apresentavam, naquela época, todos os tipos, tamanhos, cores e outras características físicas, o que ainda ocorre hoje em dia, embora já exista um forte movimento liderado por criadores para que seja adotado um padrão oficial da raça. Os *Pit Bulls* já vêm fazendo um grande sucesso em exposições por todo o Brasil, como ocorre em grande parte do mundo.

3.2. TIPOS

Apesar dos movimentos para que os criadores orientem a criação e a seleção dos seus *Pit Bulls*, com o objetivo de padronizar as suas características raciais, diversos são, ainda, os tipos existentes e criados. Para confirmar esses fatos, basta mencionarmos que, atualmente, encontramos tato machos como fêmeas dessa raça, com peso bem maior do o do padrão da espécie, que é o de 23 a 36 kg. A altura também, varia bastante, indo de 46 cm a 56. Tanto os pesos quanto as medidas mencionadas, no entanto, podem variar, existindo machos com menos de 20 kg e outros que vão de 45 kg a 60 kg, sendo todos aceitos, porque não há limites de peso ou tamanho para a raça.

Angels in Fire Alena
3 anos de idade
Criador: Alexandre Von J. Murad
Piçarras - SC

3.3. CARACTERÍSTICAS GERAIS

São as seguintes, as do American *Pit Bull* Terrier:

— **corpo:** quadrado, ou seja, a distância da ponta do ombro ou cernelha, à inserção da cauda, é igual à distância da cernelha ao solo;

— **tronco:** apresenta ombros largos, musculosos, fortes e oblíquos;

— **peito:** profundo. Visto de perfil, deve chegar à altura do cotovelo. Não muito largo, forma uma curva suave com a barriga, que é um pouco encolhida, mas não "esgalgada", para não deixar o cão "desbarrigado";

— **ante-peito:** largo, o que faz as suas pernas ficarem paralelas;

— **linha superior:** reta, mas ligeiramente descendente da cernelha para a cauda. Na região da garupa, ela é ligeiramente mais alta do que na cernelha;

— **garupa:** alongada e não pode ser levantada;

— **cauda:** longa e grossa na sua inserção, vai afinando até à ponta. Não deve ultrapassar o jarrete e nem ser curvada ou mantida sobre o dorso;

— **musculatura:** forte e bem delineada, não é pesada, mas torna o cão forte;

— **cabeça:** de tamanho médio e perfil retangular;

— **crânio:** achatado; mais largo entre as orelhas; não possui barbelas;

— **stop ou depressão naso frontal:** localiza-se entre a testa e o focinho. Pode ser acentuado ou suave, mas nunca ausente;

— **focinho:** medido da ponta do nariz ao *stop*, seu comprimento é menor do que o da cabeça, medida do *stop* até o occipital, localizado na parte traseira superior do crânio. Ele é largo, quadrado e profundo;

— **trufa:** são aceitas todas as cores. Os mais famosos são os "red-nose" e os "black-nose";

— **bochechas:** salientes, porque possuem músculos faciais bem definidos;

— **barbelas:** não existentes;

— **lábios:** não pendentes além da mandíbula;

— **mordedura:** em tesoura, porque os dentes incisivos superiores se fecham logo à frente dos incisivos inferiores;

— **orelhas:** de inserção alta, podem ser normais ou cortadas;

- *olhos:* redondos, de qualquer cor e de inserção baixa;
- *pescoço:* arqueado ligeiramente; musculoso;
- *pelagem:* é aceita de todas as cores e de todas as marcações;
- *pêlos:* brilhantes, curtos e duros;
- *membros:* grandes, bons aprumos; quartelas retas e fortes; patas de tamanho médio; jarretes retos e baixos;
- *movimentação:* suave, leve e com molejo. Defeitos de locomoção não são aceitos.

3.4. CARACTERÍSITCAS ESPECÍFICAS

Apresentamos, a seguir, as características específicas que os cães da raça *Pit Bull* devem apresentar:

01. Cor: São aceitas todas as cores.

02. Pelagem: Curta, dura, espessa e brilhante.

03. Cabeça: Tamanho médio, ossuda e de forma retangular.

04. Cara: Larga.

05. Focinho: Largo, quadrado e profundo.

06. Mandíbula: Forte, musculosa e mordedura potente.

07. Orelhas: De inserção alta, podendo ou não ser cortadas curtas e pontudas.

08. Olhos: Redondos, de inserção alta e bem separados.

09. Pescoço: Ligeiramente arqueado, musculoso e afinando dos ombros até à cabeça.

10. Peito: Profundo, largo e musculoso.

11. Linha superior: Reta.

12. Dorso: Longo.

13. Lombo: Forte e largo.

14. Trem posterior: Muito forte e resistente.

15. Costelas: Bem abertas e arqueadas.

16. Membros: Grandes e fortes. Sua ossatura é arredondada.

17. Jarretes: Retos e baixos.

18. Patas: Tamanho médio.

19. Pesos: 23 a 36 Kg.

20. Altura: 46 a 56 cm.

Angels in Fire Alena
**3 anos de idade
Criador: Alexandre Von J. Murad
Piçarras - SC**

Red Sunny of Best Trump Kennel
Macho - 2 anos de idade
Criador: Alexandre Von J. Murad
Piçarras - SC

CAPÍTULO IV
O FILHOTE

4.1. ESCOLHA E SELEÇÃO

Diversos são, normalmente, os interesses ou motivos que nos levam a adquirir um cão. Podemos mencionar, entre eles, os seguintes: por gostarmos de cães; por curiosidade; por um capricho; para substituir um que perdemos (por morte ou desaparecimento) e do qual sentimos muita falta; porque necessitamos de um companheiro amigo, leal e também um "confidente" que nos escute com toda a "paciência" e que "concorde" sempre conosco, apoiando-nos com o seu silêncio e que nunca nos contradiga; um amigo verdadeiro, que nada exige pela sua amizade; para satisfazer o desejo de uma pessoa da família (um filho, a esposa, etc.); para servir de guarda e proteção para nós e para os outros membros da família; para guardar e proteger a residência, veículos e outros bens do seu dono; e até mesmo como terapia, porque, como já ficou provado, a companhia de animais é um dos mais eficazes métodos de tratamento para determinadas doenças psíquicas, como o autismo, por exemplo.

4.2. ANTES DA AQUISIÇÃO

Antes de adquirir um cão, devemos refletir sobre as conseqüências de tal atitude pois, além do prazer da sua companhia, teremos obrigações para com ele como, por exemplo: durante 10 a 12 anos (às vezes, por mais tempo) nós o sustentaremos e dele teremos de cuidar, dando-lhe todo o nosso carinho. Devemos, também, antes de comprá-lo, nos lembrarmos de

Lana e *Otto*
Macho e fêmea com 2 meses de idade
Criador: Rogério Pereira
São Paulo – SP

O FILHOTE

diversos fatores como: raça, tamanho (grande, médio ou pequeno), idade (filhote, jovem ou adulto), sexo, personalidade, temperamento, utilidade ou função (guarda, trabalho, companhia, exposições ou reprodução). Importante, e muito, é o seu preço, pois cães de elevado padrão racial, bem acima da média, para reprodução ou para concorrer a prêmios em exposições, são muito mais caros do que os demais, atingindo elevados preços.

O grau de sangue é, também, muito importante para a escolha ou a seleção de um cão, porque ele pode ser puro de uma raça, mestiço ou de raça indefinida. O melhor, normalmente, é escolher um cão puro, pois assim poderemos prever as suas futuras características, não só físicas, mas também psíquicas; o seu tamanho [que poderá ser pequeno, médio ou grande (conforme a raça)] sua cor, seu temperamento (que pode variar bastante: manso, calmo, nervoso, bravo ou agressivo, etc.) Isso é praticamente impossível, quando o cãozinho é mestiço, principalmente de origem desconhecida, porque esses elementos dependem das características genéticas dos seus pais.

4.3. NA NINHADA

Verificarmos o relacionamento entre os filhotes, na ninhada, e o seu comportamento com a mãe, é muito importante, pois nos permite obter muitas informações sobre a sua saúde, seu modo de viver, seu desenvolvimento, temperamento, etc.

Logo que nascem, os filhotes procuram as tetas da cadela, fazendo a primeira mamada. Depois, para se alimentarem, começam a lutar por elas. Como os maiores e mais fortes vencem a competição, são eles os que melhor se alimentam, bebendo mais leite, crescem mais rápido e têm um maior desenvolvimento do que os outros cãezinhos da ninhada.

Como são animais que viviam em bandos ou mantilhas, os cães, de maneira natural, possuem uma certa hierarquia, cuja presença já começa a se fazer sentir quando eles atingem 30 dias de vida. Ela é um fator de grande importância, na vida desses cãezinhos. Nesse período, eles começam a brigar pelo osso que receberam como brinquedo. Para comprovar a presença dessa hierarquia, podemos mencionar o fato de que os machos vão, aos poucos, dominando as fêmeas e se impondo como chefes ou líderes, fato esse que é respeitado e reconhecido pelos cães, em todos os períodos da sua vida.

Os filhotes de uma mesma ninhada podem apresentar personalidades e temperamentos os mais variados possíveis, podendo ser mansos, calmos, tímidos, medrosos, covardes ou valentes e nervosos, agressivos, etc. Existem, também, os que sofrem de distúrbios psíquicos. Os filhotes devem, por essa razão, passar por exames, não só físicos, mas também psíquicos ou comportamentais, o que nos permitirá fazer uma escolha bem feita, de acordo com os nossos objetivos ou necessidades.

O cão deve ser manso, calmo e bem educado, quando se destina a servir de companhia, principalmente para uma criança; vivo, esperto e valente, quando for para guarda e deve apresentar características bem acima da média, quando se destinar a apresentações em exposições e concursos ou a entrar para a reprodução.

4.4. BRIGAS ENTRE OS FILHOTES

Elas são normais e fazem parte da formação natural dos cãezinhos.

Se eles, ao disputarem um osso, um pedaço de carne ou um brinquedo, começarem a brigar, não devemos separá-los ou tomar-lhes o objeto causador da luta, porque esse comportamento é normal e sadio para eles e não deve ser alterado.

4.5. PROCEDIMENTOS PARA A AQUISIÇÃO

A primeira providência a ser tomada, quando vamos adquirir um *Pit Bull*, é exigir do vendedor, a apresentação da tarjeta, que é um documento oficial, emitido por uma entidade cinológica, atestando que o animal é um cão puro, da raça *Pit Bull*.

Conforme mencionado anteriormente, a aquisição pode ser feita com os seguintes objetivos:

1. para companhia;
2. para guarda;
3. para exposições e concursos; e
4. para a reprodução.

Quando o *Pit Bull* se destinar à reprodução, a sua seleção deve ser a mais rigorosa possível, principalmente no que se refere aos fatores genéticos, ao *pedigree* e às características raciais.

Tanto os machos quando as fêmeas, além de puros, devem apresentar um padrão racial bastante elevado e muito acima da média da sua raça. O mesmo deve ocorrer com os animais apresentados em exposições. Por esses motivos, eles atingem preços bem mais elevados.

4.6. DISPLASIA COXOFEMURAL

É importante, também, nos lembrarmos de que o cão está sujeito a essa doença. Para evitar a aquisição de um cão displásico, devemos exigir do vendedor:

1. radiografia tirada a partir de dois meses de vida;
2. atestados de exames para a atrofia progressiva da retina.

Devemos ainda, verificar se há casos de doenças nos ascendentes do cãozinho a ser adquirido. Ele deve ter, no mínimo, 45 a 60 dias de idade, mas pode também ser um pouco mais velho, (4 meses, mais ou menos) pois, nessa fase, essas características já estão mais evidentes.

4.7. O SEXO DO PIT BULL

Quando adquirimos um *Pit Bull*, a escolha do sexo depende de vários fatores, entre os quais, a nossa preferência, o nosso gosto, o objetivo com que o adquirimos, ou seja, para companhia, guarda, concursos e exposições, ou para a reprodução. Muitas vezes, fazemos a escolha influenciados pela simpática que sentimos por algum dos filhotes. Devemos nos lembrar, porém, quando queremos um cão para companhia, de que o macho, normalmente, é maior do que a fêmea, além de mais pesado, mais rústico, mais abrutalhado e menos meigo, gentil, carinhoso e brincalhão do que ela, que é menor, mais leve, tem as feições mais delicadas e é mais meiga, dócil, atenciosa e em geral, gosta mais de brincadeiras do que ele.

Muitas vezes, a escolha do sexo do cão depende apenas da nossa simpatia por um dos filhotes da ninhada, desde que ele não apresente nenhum defeito físico ou algum problema de comportamento, pois queremos, apenas,um cãozinho para nos distrair e servir como um bom amigo e companheiro.

No caso, porém, de queremos iniciar uma criação ou apenas conseguir um filho do animal que possuímos, o mais prático é adquirirmos uma cadela e, quando necessário, por empréstimo ou aluguel, um macho para acasalá-la. Normalmente, o dono do reprodutor escolhe um filhote na ninhada e fica com ele como pagamento pela cobertura feita pelo seu cão.

Lana e *Otto*
Macho e fêmea adultos
Criador: Rogério Pereira
São Paulo – SP

4.8. CUIDADOS COM A CADELA

Uma cadela no cio deve ser mantida totalmente isolada dos machos, porque eles são atraídos por um cheiro ou odor especial que ela exala nesse período do seu ciclo reprodutivo. Essa preparação evita que ela seja acasalada contra a vontade do seu proprietário.

Outro método para evitar a reprodução da fêmea, é a sua castração, que a deixa definitiva e completamente estéril, e cujos efeitos sobre o físico e a personalidade da cadela são muito pequenos.

4.9. IDADE PARA A AQUISIÇÃO

4.9.1. Filhote

O filhote deve ser adquirido com 45 a 60 dias, logo após a desmama ou até 75 dias de idade, quando passa a conhecer o ambiente em que vive, a ele se adaptando, inclusive, acostumando-se a novas situações na sua vida e na sua integração, sem problemas à sociedade humana, principalmente no seu relacionamento com o seu dono e com as pessoas com as quais convive. Ele pode ser adquirido, também, com 4 a 6 meses porque, nessa idade, ele já está mais desenvolvido e mais forte, e apresenta características mais definidas, facilitando sua escolha, além de dar menos trabalho para o seu manejo. A sua aquisição com essa idade apresenta, ainda, outra vantagem, que é o fato de o filhote melhor se adaptar, e com mais facilidade, ao seu novo ambiente, à sua nova casa e às pessoas que, com ele convivem.

4.9.2. Cães Adultos

Somente em casos especiais, devemos adquirir cães adultos porque, muitas vezes, eles têm dificuldades para se adaptarem a um novo ambiente ou a um novo dono, o que pode causar sérios problemas e até acidentes, pois o tipo e o grau do seu relacionamento e da sua amizade com as novas pessoas que com ele passarão a conviver, é imprevisível ou, às vezes, até difícil. Em alguns casos, no entanto, não há inconveniente algum na aquisição de um cão ou de uma cadela, já adultos e isso, muitas vezes, é até indispensável, quando o seu destino é um canil que necessita de reprodutores, mas que devem ser selecionados com todo o rigor, por suas características físicas, psicológicas e pelo seu *pedigree*.

4.10. CARACTERÍSTICAS DOS FILHOTES

O filhote a ser adquirido deve ser sadio; ter olhos vivos e brilhantes; visão e audição normais; apresentar o tipo e o padrão da sua raça; ter bom temperamento; ser vivo, esperto, alegre, curioso e brincalhão; não deve ser tímido ou medroso; deve ter um apetite normal; não estar muito gordo ou muito magro, mas "em boas carnes". Seu focinho não deve ser muito comprido, porque cresce mais, em relação à cabeça; pele untuosa, lisa e brilhante; ter um bom desenvolvimento ósseo; pernas fortes; carpo e metacarpo bem desenvolvidos; andar normal; boa movimentação dos membros dianteiros e traseiros e não deve ter *ergot* ou unha-de-lobo, porque já foram amputados. Além das características mencionadas, o filhote deve estar de acordo com os padrões da sua raça.

Não devemos selecionar em nossa criação ou adquirir, filhotes com defeitos, principalmente graves; tristes ou apáticos; que apresentem magreza acentuada; mal desenvolvidos; raquíticos ou fracos; com falhas na pelagem; que apresentem manchas, crostas, calombos, feridas ou outros problemas, pelo corpo; possuam corrimentos anormais como pus, sangue, lágrimas, corrimentos nasais ou coriza, bem como diarréia; que estejam, sempre, com manchas de urina ou de fezes, nos pêlos ou em volta do ânus; que apresentem doenças como a displasia óssea ou atrofia progressiva da retina ou defeitos de conformação ou aleijões.

Quando se tratar de machos adultos ou mais velhos, eles devem possuir: características masculinas bem acentuadas; órgãos genitais externos perfeitos e em pleno funcionamento; seus dois testículos devem ser normais e situados no interior da sua bolsa escrotal; não apresentar monorquidia (um só testículo) ou criptorquidia (nenhum testículo) na sua bolsa escrotal; deve ter bons dentes e um dentição perfeita. Sua mordida deve ser a normal para o seu tipo e a sua raça.

Devemos fazer a escolha ou seleção e a aquisição dos filhotes com, no mínimo, 45 (quarenta e cinco) dias de idade, porque as possibilidades de escolhermos melhor, os cães, é quando eles, embora ainda sejam filhotes ou jovens, já estão um pouco mais velhos, pois as suas boas ou más características vão se acentuando, com o tempo. Para que a seleção de um cãozinho, no entanto, seja mais rigorosa ainda, é necessário conhecermos o seu pai, a sua mãe, e todos os seus irmãos da mesma ninhada, ou melhor especificando, o seu *pedigree* ou a sua árvore genealógica.

4.11. DOCUMENTAÇÃO

Quando adquirimos um *Pit Bull* puro, devemos exigir sempre, do vendedor:

1. **a tarjeta**, que é um documento oficial emitido por uma entidade cinológica legal, atestando a raça e o grau de pureza do cão, ou o seu *pedigree*;
2. **recibo de compra e venda**, comprovando a transação comercial e o novo proprietário do animal. Esse documento serve, também, para reclamações futuras, contra o vendedor;
3. **uma radiografia** tirada do cãozinho quando ele está, no mínimo, com 2 meses de idade, para que o risco da aquisição de um animal displásico, seja menor, porque ele é vulnerável à displasia coxofemural;
4. **exames para atrofia progressiva da retina**, além de verificar se ocorreram casos de doenças nos ancestrais dos filhotes da ninhada que está sendo examinada;

   [Os cães para reprodução ou apresentação em exposições, além da pureza de sangue, devem apresentar características raciais bem acima da média. Esses animais atingem valores ou preços bem superiores aos dos cães cujos padrões se mantêm na média da raça.]
5. **esquema de vacinações**: atualizado;
6. **vermifugação**: em dia.

Angels in Fire Alena e *Angels in Fire Atika*
3 anos de idade
Criador: Alexandre Von J. Murad
Piçarras - SC

Capítulo V
A Vinda do Filhote

A primeira providência a ser tomada, logo após adquirir o filhote, é o seu dono levá-lo a um médico veterinário que, após um exame geral, receitará um vermífugo e providenciará a sua vacinação, de acordo com um determinado esquema para cada doença e que tomará qualquer outra medida que se fizer necessária para preservar a sua saúde.

É necessário, também, dar um nome ao filhote, para identificá-lo e para que ele atenda ao ser chamado e venha correndo. Quando ele chegar, deve ser bem recebido com agrados e até mesmo com guloseimas, para que aprenda a obedecer, pela recompensa que espera ganhar. Caso o cão não atenda, não devemos gritar com ele, ameaçá-lo, castigá-lo ou mesmo, bater nele, pois o cãozinho pode ficar com medo, não atender mais os chamados e até fugir, para não ser castigado.

5.1. COMO SEGURAR E CARREGAR

Para que o cãozinho não fique com medo ou se machuque, devemos agir da seguinte maneira:

1. apoiamos o seu peito, com a nossa mão esquerda virada para cima;
2. seguramos a sua perna esquerda, com os nossos dedos indicador e polegar e a direita, com o médio e o anular;
3. com a mão direita, e por trás, apoiamos o cãozinho, para que ele fique, sobre ela, bem seguro e confortável.

5.2. TRANSPORTE

Transportarmos o filhote para a sua nova residência é muito fácil, e pode ser feito das seguintes maneiras:
1. no colo de uma pessoa;
2. dentro de um caixote ou de uma caixa de plástico, de papelão ou de madeira;
3. no interior de uma cesta;
4. dentro de uma sacola ou bolsa; e
5. em uma gaiola ou em outro recipiente, desde que bem ventilado e arejado, se necessário, com furos ou grades na tampa, porta ou paredes e cujo fundo não deve ser escorregadio, mas forrado com jornal.

Quando o transporte for de carro, o cãozinho pode, de preferência, ser levado no colo de uma pessoa, porque assim, ele se sente protegido, evitando que ele fique muito assustado por se sentir só, fora da casa em que nasceu e viveu, até ser dela retirado e lançado em um ambiente totalmente desconhecido. Quando ele dorme durante a viagem, pode ser colocado em uma caixa com o fundo forrado ou mesmo no assoalho do veículo, sobre um pano ou um cobertor.

Quando o cãozinho é levado em viagens demoradas, devemos fazer paradas mais ou menos a cada 2 horas, para que ele se alimente, beba água e faça as suas necessidades. É necessário, no entanto, que ele não tenha nenhum contado com outros animais, principalmente cães, para evitar que contraria alguma doença.

Durante as paradas devemos deixar o carro com os vidro das janelas um pouco abertos, para que o seu interior não fique muito quente, o que incomodaria o cãozinho, o prejudicaria e poderia até mesmo provocar a sua morte.

5.3. NOVO LAR

O filhote deve chegar à sua nova casa, de preferência pela manhã, para que, durante o dia, possa conhecer o novo ambiente em que se encontra e todas as pessoas com as quais passará a conviver, o que é muito importante para um cãozinho que saiu do antigo lar, no qual nasceu, pois isso facilitará, e muito, a sua adaptação às novas condições de vida. Por esses motivos, devemos deixá-lo andar livremente, por todas as dependências da sua nova casa, mas mantendo-o sob uma discreta vigilância, para evitar algum acidente ou que ele vá para a rua e possa até sumir ou ser roubado.

O cãozinho deve encontrar, prontos para ele, na sua nova residência, um local para fazer as suas necessidades; uma cama para dormir e para descansar e outros lugares para a sua alimentação e para brincar e correr, fazendo exercícios, para que melhor e mais rapidamente se adapte às suas novas instalações. É aconselhável, também, por ser muito prático, dispor de um cercadinho, para prender o filhote, quando isso for necessário.

No dia da sua chegada ao seu novo lar é que o filhote deve receber muito apoio, afeto e carinho, porque fica completamente desorientado e deslocado nesse ambiente desconhecido para ele.

5.4. AO ANOITECER

O problema se agrava, porém, quando vai chegando a noite, pois ele começa a sentir uma grande solidão e uma grande tristeza, sentindo-se abandonado, longe da mãe, dos irmãos e dos seus companheiros. Sob um verdadeiro estresse, começa a incomodar as pessoas, inclusive, às vezes, os vizinhos, pois passa a dar fortes ganidos e uivos e a chorar, não os deixando dormir direito.

Para acalmar o filhote, evitando esses problemas, e para que ele comece a dormir, deixando de fazer barulhos, devemos dar-lhe os mesmos alimentos com os quais já estava acostumado em sua antiga casa, e isso o mais tarde da noite possível, e no mesmo prato que ele usava, desde pequeno, no canil em que nasceu.

Assim que o cãozinho termina de comer, faz as suas necessidades, e deve ser, imediatamente, colocado na sua cama, sempre que possível, forrada com lençol, pano ou saco, sobre o qual ele ficava, para dormir, na casa em que nasceu, pois isso o acalma, porque ele sente, nele, impregnados, além do seu próprio odor, os cheiros da sua mãe e dos seus irmãos.

Apesar de todos os cuidados, no entanto, ele ainda chora à noite, quando vai para a cama, dormir. Devemos, então, zangar com ele e mandá-lo calar-se e ficar quieto. Se, porém, ele não obedecer, pegamos um jornal enrolado e o batemos em nossa mão, para que o barulho forte e repentino o assuste, ele fique com medo e se cale. Quando, no entanto, ele não pára e continua chorando, devemos dar-lhe, de leve, como o jornal, uma pancadinha no focinho, o que o faz parar de chorar e ficar quieto. Podemos, também, dar-lhe um boneco, para fazer-lhe companhia e com o qual ele brinca, o que o faz ficar mais calmo, pois não se sente mais tão abandonado.

Para que ele, mais rapidamente e melhor se adapte à nova casa e estranhe menos, o novo ambiente, é aconselhável submetê-lo ao mesmo manejo a que estava acostumado, ou seja, a mesma alimentação, o seu mesmo modo de vida, etc.

Se, na casa em que o cãozinho chegar, já houver outro cão, devemos ter muito mais cuidado, porque este pode considerá-lo um invasor do seu território ou até mesmo ficar com ciúmes dele, atacando, ferindo-o ou até o matando.

5.5. COMO ALIMENTAR O FILHOTE

Embora a comida para o filhote possa ser caseira, preparada pelo próprio dono do cãozinho, o mais prático, menos trabalhoso e mais racional é o uso da ração balanceada, comercial, porque ela é preparada tecnicamente, contendo todos os elementos nutritivos de que ele necessita. É necessário, porém, administrar-lhe somente a quantidade indicada, para que ele não tenha uma superalimentação, o que prejudicaria a sua saúde e poderia até, torná-lo obeso, além de fazer com que ele tenha um desenvolvimento muito maior do que normalmente acontece. Isso faz com que o seu aparelho ósseo, que ainda não se consolidou, fique sobrecarregado com esse excesso de peso e também com maiores esforços, por causa disso, necessários. Quando o filhote tem um crescimento um pouco abaixo da média é melhor do que quando ele o tem excessivo ou acima do normal.

Para controlar o seu crescimento, devemos pesá-lo diariamente, durante o seu primeiro mês de vida e depois, 3 vezes por semana, até à sua desmama. Devemos, depois, deixá-lo comer durante 20 a 30 minutos e retirar o comedouro, para que ele não coma demais.

5.6. NINHO OU CAMA

Antes mesmo, de o cãozinho chegar à sua nova casa, já devem ser preparadas as acomodações que ele deve usar, ou seja, a sua cama ou ninho, que pode ser uma caixa de madeira, de plástico resistente ou mesmo de papelão, um simples caixotinho ou somente, um cobertor dobrado, um alcochoado, sacos ou panos dobrados, etc. Essa cama deve ser colocada em locais abrigados e livres de ventos, principalmente encanados e quando possível, deve ter uma tampa.

Ela pode ser retangular ou quadrada, com pés, para não ficar em contato direto com o solo, evitando assim, a umidade ou o frio que ele possa ter, além de canalizar o vento sob ela. O material com o qual é construída, como a madeira, por exemplo, deve ser bem liso, sem farpas ou rebarbas, que podem ferir o cãozinho. Além disso, não deve ser pintada ou forrada com materiais colados, porque o filhote pode roê-los e engoli-los, o que lhe pode causar uma intoxicação grave e até a sua morte. A frente da cama deve ser mais baixa, para que o filhote possa entrar com facilidade. Ela é, para o cãozinho, muito mais do que apenas um lugar para dormir: é o seu refúgio, o cantinho, no qual ele se sente protegido e seguro, quando quer descansar ou se esconder; onde guarda o seus brinquedos e para o qual leva tudo o que encontra. O local para a cama deve ser bem escolhido, principalmente para protegê-la das condições ambientais mas, quando o cãozinho não gostar dele, a sua cama deve ser mudada de lugar.

O fundo da cama deve ser forrado, para melhor proteger o filhote do frio. Para isso, podem ser empregados papéis, jornais, papelão, panos, sacos, cobertores, lãs, um colchão ou acolchoado, mas somente naturais. Plásticos ou outros materiais sintéticos não devem ser empregados porque o filhote pode mastigá-los e ingeri-los e morrer intoxicado ou por obstrução das suas vias gastrointestinais.

5.7. CASINHA EXTERNA

O filhote pode ser criado fora da casa do dono. Para isso, porém, é necessário que ele seja alojado em uma casinha especial, de tamanho adequado para ele, inclusive depois de adulto, resistente e que o proteja dos ventos, das chuvas e do frio, com o emprego de portas basculantes ou de cortinas adequadas. Ela é, em geral, de cimento, tijolo ou madeira.

Ela pode ser colocada no lugar considerado mais adequado e protegido. O cão pode ficar preso por uma corrente ou solto.

5.8. CERCADINHO OU GAIOLA

Para mantermos um cão, seja filhote, jovem ou adulto, dentro de uma casa, de um galpão ou de qualquer outro local, podemos colocar o seu ninho ou a cama, dentro de uma gaiola, normalmente de arame galvanizado, madeira, fibra de vidro ou de outro material resistente, às mordidas dos animais, mas que possua uma porta para prendê-los, quando for necessário. Essa gaiola serve, também, para transportar os cães, em carros, aviões, etc. Eles devem ser soltos, nas horas das refeições, de fazer as suas necessidades e dos seus treinamentos e exercícios. Seu tamanho deve ser proporcional ao do cão nela colocado.

Maldock (Doch) VJ
3 anos de idade
Criador: Alexandre Von J. Murad
Piçarras - SC

5.9. URINAR EM QUALQUER LUGAR

Muitas vezes, o filhote urina em qualquer lugar, como em cima de tapetes, cadeiras ou sofás, dentro ou fora de casa, etc., mas não deve ser castigado, porque se trata de um ato fisiológico normal e que ele não pode controlar, pois é provocado pelo esfincter que se relaxa, permitindo a saída da urina. Com a idade, esse problema desaparece.

5.10. URINANDO SEMPRE NO MESMO LUGAR

O fato, no entanto, de um cão adulto urinar sempre, no mesmo lugar, significa que ele está demarcando o seu "território", hábito este, que herdou de seus antepassados ainda selvagens. Quando isso ocorrer, é aconselhável lavar e desinfetar bem, o lugar urinado, com um produto com cheiro forte para neutralizar o da urina.

5.11. PARA DEFECAR E URINAR - FILHOTES

Ainda muito pequeno, o filhotinho se acostuma a não urinar e nem defecar no seu ninho, na sua cama e nos lugares em que é mantido ou passeia, tendo lugares determinados para isso. Por esse motivo, quando ele chegar à sua nova residência, devemos, imediatamente, ensinar-lhe o local que lhe foi destinado para fazer as suas necessidades e que, de preferência, deve ser sobre um jornal ou então, sobre um tabuleiro ou uma caixa, com uma camada de areia no fundo, colocados sempre, no mesmo lugar. O cãozinho, porém, deve ser ensinado a usá-lo. Para isso, logo que o retira da cama, pela manhã, o seu dono deve colocá-lo sobre o jornal, porque ele, normalmente, faz as suas necessidades, assim que acorda. O mesmo ocorre, também, quando ele acaba de comer ou em qualquer outra ocasião o filhote começa a cheirar o chão.

Sendo bem treinados, os filhotes, em poucos dias, aprendem a fazer as suas necessidades, somente nos locais reservados para isso.

5.12. PARA DEFECAR E URINAR - ADULTOS

Para que eles façam as suas necessidades, sem causar problemas, como sujar locais de passagem, tapetes, sofás, poltronas, etc. os cães adultos ou jovens, devem ser levados ao local a isso destinado, 2 vezes ao dia, sendo a primeira pela manhã, o mais cedo possível e a segunda, à noite, o mais tarde possível.

5.13. HIGIENE

As instalações ou locais em que vivem os cães, devem ser os mais higiênicos possível. Para isso, é necessário varrer, limpar, lavar, enxugar e desinfetar bem esses lugares, de preferência, diariamente.

Também a casinha, a cama ou o ninho devem ser inspecionados todos os dias e limpos ou trocadas as suas forrações, quando isso se tornar necessário, para que se mantenham, sempre, em boas condições, higiênicas e bem limpos.

5.14. ÁGUA

A água fornecida aos cães, filhotes ou adultos, deve ser fresca, a mais limpa possível e, de preferência, potável ou filtrada. Além disso, ela deve ser colocada em bebedouros ou vasilhame rigorosamente limpos e desinfetados.

5.15. ALIMENTOS

O cãozinho deve receber os melhores e mais adequados alimentos, para eles, sempre frescos e preparados com toda a higiene, para evitar que lhes causem algum problema gastrointestinal ou alguma intoxicação, às vezes grave, que pode, até, causar a sua morte.

5.16. CUIDADOS

Para o manejo dos filhotes, devemos tomar uma série de precauções e cuidados, como informaremos a seguir:

— *20 a 30 dias de vida:* começam a tomar sol, pela manhã, diariamente, mas somente até as 9 ou 10 horas, ou à tarde, depois das 16 horas;

— *refeições:* 2 ou 3 vezes ao dia, no mesmo horário, deixando o prato ou comedouro, e os retirando logo que os filhotes parem de comer, para que a comida não se estrague e eles a comam, sofrendo, às vezes, graves intoxicações;

— *primeiro banho:* deve ser, normalmente, aos 2 meses de idade, exceto em casos de emergência como, por exemplo, quando o filhote se suja muito. Deve mas ser dado somente com água morna e nunca com água fria. Depois do banho, ele deve ser muito bem enxugado com uma toalha felpuda, secador elétrico, uma lâmpada ou em um local aquecido, ou mesmo ao Sol;

— **vento ou frio:** devem ser evitados, para que o cãozinho não se resfrie e até pegue uma doença mais grave;

— **2 meses de idade:** colocar uma coleira adequada, no seu pescoço;

— **3 meses de idade:** controlar a sua troca dos dentes de leite, pelos definitivos, bem como começar a fazer pequenos passeios com eles;

— **4 meses de idade:** começar a fazer os treinamentos de obediência e para serem apresentados em exposições;

— **6 meses de idade:** início dos treinamentos para guarda, serviços, missões especiais, etc.;

— **9 a 10 meses de idade:** treinos para guarda e ataque.

5.17. QUANDO O CÃO PULA NAS PESSOAS

Quando o filhote está alegre e para agradar, ele tem a mania de pular nas pessoas, causando-lhes transtornos como sustos, tombos, sujar as roupas, etc. Nesse caso, devemos dar-lhe a ordem "NÃO" e depois a ordem "DEITA". Caso ele esteja preso à coleira e a uma guia, devemos puxá-lo e dar-lhe as mesmas ordens. Se, no entanto, ele conseguir pular em você, diga firme e zangado, "NÃO" e estenda o braço, com a palma da mão para baixo, para ele ficar quieto ou se deitar.

5.18. PROTEÇÃO DOS FILHOTES

Muitos vivos, espertos e curiosos, os filhotes gostam de andar, correr e pular, bem como de mastigar e de engolir o que encontram, como madeira, plástico e outros materiais que, muitas vezes, lhes causam sérios problemas, porque podem ferir ou até obstruir o seu aparelho gastrointestinal, causar intoxicações e até a sua morte.

Para que não ocorram esses acidentes, devemos tomar algumas precauções e medidas, entre as quais:

— as tomadas, fios elétricos e telefônicos devem ser protegidos com peças especiais, para que os filhotes não os mordam, inutilizando-os, tomem choques elétricos ou engulam pedaços de fios;

— não deixar ao seu alcance, pregos, agulhas, alfinetes, rolhas, tampas de garrafas, caroços de pêssegos e de outras frutas, por serem duros e cortantes; pedaços de pano, de materiais plásticos ou objetos pequenos, porque eles podem ingeri-los, se engasgarem com eles ou se intoxicarem, sendo necessário uma intervenção cirúrgica para extraí-los;

— não deixar a seu alcance, medicamentos, para evitar que eles os ingiram, o que pode causar sérios danos à sua saúde, inclusive intoxicações;

— não lhes dar brinquedos ou qualquer objeto de material sintético ou plástico, como náilon, isopor, papéis e saquinhos de balas e de bombons, bichinhos de pelúcia de material sintético, borracha natural ou artificial, etc., porque esses produtos não são digeríveis, podendo intoxicar e até matar os filhotes;

— lâmpadas e resistências elétricas, velas e cigarros acesos, etc., não devem ficar a seu alcance, para que não levem choques ou sofram queimaduras;

— portas, janelas e portões devem ficar sempre fechados, para evitar que eles fujam, pulem ou caiam de grandes alturas, sofrendo graves fraturas e até morrendo por traumatismos;

— evitar seu acesso a escadas, para que não levem tombos ou que por elas rolem, podendo sofrer escoriações, luxações, fraturas, traumatismos cranianos, etc.;

— impedir que atravessem grades de segurança de portas, portões, janelas e varandas, para que não sofram acidentes até mesmo graves ou que fujam;

— vetar o seu acesso a piscinas, tanques, lagos ou rios, para evitar que neles caiam, nadem até cansar, sem conseguir deles sair, podendo morrer afogados;

— tomar muito cuidado, vigiando-os durante os passeios ou exercícios, porque eles pegam tudo o que encontram, no seu caminho;

— ao chegar à sua casa, de volta dos passeios, os cães devem ser bem examinados, para que seja verificado se não se sujaram ou se não se feriram, principalmente nas patas, com cacos de vidro, pregos ou outros materiais.

Red Sunny of Best Trump Kennel
2 anos de idade
Criador: Alexandre Von J. Murad
Piçarras - SC

5.19. CONTENÇÃO, CONTROLE E LOCALIZAÇÃO

Diversos são os artefatos ou utensílios empregados para a contenção dos cães, principalmente quando saem a passeio ou para exercícios.

As utilidades, para isso, são a coleira, a guia, a focinheira, o cabresto, o enforcador e o microchip.

5.19.1. Microchips

Para a localização dos cães, principalmente quando são roubados ou fogem de casa para locais desconhecidos, é usado um aparelho eletrônico denominado microchip, que pode ser fixado na coleira dos cães ou implantado sob a pele do seu pescoço. Ele é útil e eficiente, localizando com a maior rapidez e a qualquer momento, se necessário, especialmente os animais que fogem, desaparecem ou são roubados.

5.19.2. Coleira

Bem adaptada ao pescoço dos cães e bem macia, não deve ser muito larga, para não incomodá-los ou até feri-los. Deve ser colocada, somente 15 a 20 dias depois de eles chegarem à sua nova residência. Nela deve haver uma plaquinha com alguns dados como nome, endereço e número do telefone do dono do cão, para que ele possa ser identificado e localizado, se o animal desaparecer.

Nem todos os cães aceitam coleira, com facilidade; outros a estranham e tentam tirá-la e alguns ficam até desesperados com ela, principalmente quando percebem que estão presos na guia. Apesar desse comportamento, também eles vão se acostumado com a coleira e, para que isso aconteça mais facilmente, devemos colocá-la no cão, deixando-o solto com ela, por um período de 1 ou 2 dias. Depois, para ele se acostumar com a guia, basta prendê-la na sua coleira e o deixar solto, arrastando-a livremente, pelo chão, também durante 1 ou 2 dias. Assim que ele não mais "protestar" contra a coleira e a guia, o seu treinamento pode ser iniciado.

5.19.3. Uso da Guia

Devemos tomar todo o cuidado quando, pela primeira vez, prendemos um cão pela guia, mesmo quando ele já se acostumou com a coleira, para evitar que ele fique traumatizado física e psicologicamente pois, para ele, isso significa uma agressão, uma limitação à sua liberdade. Para que tal situação não ocorra, devemos tratá-lo, como indicaremos a seguir:

1. quando o cão chegar, após o chamarmos normalmente, nos o agradamos, o acariciamos e até lhe damos alguma guloseima. Depois, prendemos a guia na sua coleira e a seguramos com uma das mãos sem, contudo, puxá-la;
2. devagar e aos poucos, começamos a encurtar a guia, até que o cão perceba que está preso, mas continuamos a falar e a brincar com ele, normalmente, ao mesmo que o agradamos e lhe vamos fazendo carinhos;
3. ele começa, então, a abalançar a cabeça para os lados, a andar para trás e a se debater, para se soltar, pára e continua a "dar marcha-à-ré", passa a correr e a dar saltos para os lados, ao mesmo tempo que fica latindo, rosnando e ganindo;
4. sem afrouxar a guia vamos, carinhosamente, falando com ele, olhando-o de frente e caminhando na mesma direção, procurando agradá-lo e o chamando pelo nome, o que o faz ir se acalmando e começar a nos seguir, embora possa parar inesperadamente. Neste caso, continuamos a chamá-lo, a falar com ele, a agradá-lo e a acariciá-lo o que, em geral, o faz andar novamente e a nos acompanhar;
5. não devemos, nunca, arrastar o cão pela guia, gritar ou brigar com ele e, muito menos, castigá-lo, durante o treinamento pois, em geral, em 1 ou 2 dias, já o fazemos andar, normalmente, com a guia.

Quando em treinamento, devemos deixar o cão, com a coleira, durante todo o dia, só a retirando dele, à noite, o que o faz se acostumar com ela mais facilmente. O cão aprende que, quando o dono dele coloca a coleira, é para sair, ficando todo contente quando o vê com ela na mão. Muitos cães pegam a sua coleira, e a levam para ele, quando querem passear ou o vêm se preparar para isso.

5.19.4. O Enforcador

É uma coleira cujo nome indica o seu uso, ou seja, enforcar o cão, quando ele tenta arrastar a pessoa que o está contendo pela guia. É indicado e indispensável, mesmo, para cães bravos, de difícil contenção ou controle, indóceis, em treinamento ou que arrastam, por sua força, a pessoa que tenta contê-lo pela guia.

O enforcador é, realmente, muito útil pois, com o seu emprego, não há problemas para conter qualquer cão, porque ele é, realmente, um verdadeiro laço colocado no seu pescoço. Quanto mais força faz o animal, para arrastar o seu dono, mais o laço vai apertando o seu pescoço e o enforcando, casa vez mais, o que o faz começar a tossir e a se engasgar, obrigando-o a parar e a seguir as ordens de quem o está controlando.

É um tipo especial de coleira, formada por uma corrente relativamente curta, que possui uma argola pequena, em uma extremidade, e outra maior, na outra ponta e que permite a passagem da menor por dentro dela, formando um verdadeiro laço escorregadio que, com facilidade, pode enforcar o cão por ela contido, pois é colocada, como uma verdadeira coleira, no seu pescoço. A guia deve ser presa à argola menor do enforcador porque, quando é puxada, aperta o laço escorregadio colocado, como se fosse uma coleira, no pescoço do cão, enforcando-o, o que o obriga a obedecer ao comando do dono.

5.19.5. Focinheira ou Mordaça

Serve para evitar que o cão morda uma pessoa, um cão ou outro animal, pois tem a forma de uma cestinha que envolve e que fica bem ajustada ao focinho do cão, não o deixando abrir a boca, mas não o impedindo de respirar, ofegar e de latir. É porém, necessário, não esquecermos de tirar-lhe a focinheira, para ele beber água e se alimentar.

5.19.6. Cabresto

Além de bastante útil para conter um cão, ele é bem mais prático e mais confortável, para o animal, do que a focinheira.

5.19.7. Usar ou não a Guia

Devido à grande movimentação e os exercícios que faz normalmente, em casa, o cãozinho, até chegar aos 5 meses de idade, não necessita ser levado, todos os dias, para passear, embora essas saídas sejam muito agradáveis e saudáveis para ele.

Durante esses passeios, o cão deve ser mantido preso à guia, embora o melhor fosse, realmente, deixá-lo solto, o que não aconselhamos, para evitar alguns contratempos como o cão sair correndo, desaparecer, fugir e até sofrer um acidente, como, ser atropelado ou, na corrida, atropelar uma criança pequena. Pode, ainda, atacar e morder uma pessoa, e até feri-la gravemente, o que poderia trazer sérios problemas, grandes aborrecimentos e muitas despesas para o seu dono, pois ele é, perante a lei, o responsável por todos os atos e ações do seu cão e por todos os prejuízos e danos que ele causar.

Devemos salientar, também, a existência de leis que proíbem os cães de andarem pelas ruas e todos os outros logradouros públicos, sem estarem presos à sua guia, o que aumentaria a responsabilidade do seu dono, em caso de acidentes, se não cumprisse essa determinação legal. É também, obrigatório, colocar uma focinheira, nos cães bravos, para evitar que mordam pessoas que passem perto deles.

Não só obrigatório, mas o melhor, mesmo, é manter o cão sempre na guia, quando ele sair de casa para dar os seus passeios, porque isso evita que ele se suje entrando em lugares com lama ou água suja, em poças, chafarizes, lagos, piscinas, tanques, caixas d'água, etc. e, às vezes, até com risco de morte. Além disso, ainda pode ficar molhado e sujo, molhando ou sujando o seu dono, outras pessoas, ou o veículo que o transporta.

Em chácaras, sítios, fazendas ou em terrenos fechados, o melhor é manter o cão solto e livre, porque ele se sente feliz e ainda faz os exercícios de que necessita.

5.20. COMUNICAÇÃO ENTRE CÃES

Quando se encontram, o primeiro contato direto, entre dois cães, é um cheirar as partes traseiras do outro. Isso ocorre, porque cada cão tem o seu cheiro típico, individual, exalado da sua região anogenital, produzido por glândulas existentes nessa região e que serve para eles se identificarem.

O primeiro contato, entre cães adultos, pode ser cordial, ou então eles se agridem, o que deve ser evitado. Quando machos e fêmeas ou então adultos e filhotes se encontram, o fazem, geralmente de forma amigável. Quando isso ocorre entre filhotes ou cães novos, se transforma em brincadeiras. No caso, porém, de os encontros serem entre cães adultos, quando eles não simpatizam um com o outro, agem da seguinte maneira: arqueiam o dorso e eriçam os pêlos, para ficarem parecendo mais ferozes e maiores, para assustar o adversário.

Quando, no entanto, um dos cães fica com medo do outro ou não quer brigar, expõe a sua parte mais vulnerável, ou seja, o seu pescoço, ao outro, ou então vira para ele a sua parte traseira, apresentando-lhe as suas partes ou órgãos genitais. Ele pode, também, pelos mesmos motivos, dei-

Angels in Fire Alena
3 anos de idade
Criador: Alexandre Von J. Murad
Piçarras - SC

tar-se de costas e mostrar a sua barriga para o outro, como prova de submissão. Nessa fase do relacionamento ou reconhecimento, nem mesmo os donos dos cães devem interferir, porque podem provocar uma briga de vida ou morte entre os dois animais.

O aconselhável, para evitar essas situações, é o dono controlar o seu cão e ter um completo domínio sobre ele, impedindo, dessa maneira, que se torne bravo e perigoso, atacando pessoas, cães e outros animais. É indispensável, para isso, que o cão se acostume a conviver com outros cães, pois é um ser sociável, cujos antepassados viviam em matilhas, soltos na natureza, mas possuindo um chefe ou líder, a quem obedeciam como, atualmente, vive em uma família, sob as ordens e o domínio de um chefe ou líder, mas que é humano.

O seu contato com outros cães, e, principalmente com o homem, será de grande valor para ele, pois passará a com este se relacionar normalmente, o que lhe trará grandes benefícios psicológicos.

5.21. INTEGRAÇÃO NA VIDA HUMANA

Não devemos, nunca, manter um cão completamente isolado de outros cães e tendo contato somente com o homem, porque isso faz com ele se integre totalmente, à comunidade humana, à sua companhia e aos seus costumes. Caso isso ocorra, ele perde todas as suas características psíquicas e psicológicas, naturais.

Quando são criados completamente isolados em casas ou em apartamentos, principalmente, desde filhotes, sem nenhum contato com outros cães, de qualquer idade, os machos perdem o interesse pelas cadelas, mesmo no cio, não fazendo a sua cobertura. O seu comportamento, quando são submetidos a essas condições de vida, passa a ser anormal. Além disso, os cães, nessas circunstâncias, se tornam medrosos ou agressivos.

5.22. EXERCÍCIOS

Para manter ou melhorar a sua saúde e as suas condições físicas, os cães devem fazer exercícios diariamente. Além disso, durante os seus passeios e treinos, eles têm oportunidade de entrar em contato com muitas pèssoas, outros cães e animais de outras espécies, o que concorre para que eles melhor enfrentem os seus problemas.

Red Sunny of Best Trump Kennel
2 anos de idade
Criador: Alexandre Von J. Murad
Piçarras - SC

Capítulo VI
Evitando a Reprodução

6.1. A FÊMEA

Para que uma cadela se reproduza naturalmente, é indispensável que esteja no cio, que seja acasalada e conceba, entrando em gestação. Portanto, para que não haja reprodução, devemos tomar alguns cuidados, como os que se seguem:

1. cadela no cio, não deve ficar perto de machos, para não ser coberta por eles;
2. colocar uma calça ou uma fralda, na cadela, para impedir o seu acasalamento ou que ela suje a casa ou outros locais pelos quais ande, com o sangue que, nesse período, sai pela sua vulva, embora este método não seja confiável, porque o macho, às vezes, arranca essas peças e realiza o acasalamento;
3. usar repelentes especiais, pulverizados na região dos órgãos genitais da cadela, para mascarar o cheiro especial que ela exala, quando no cio, para evitar que algum cão o sinta, seja atraído por ele, a persiga e faça a sua cobertura. Esse método não é confiável;
4. administrar pílulas anticoncepcionais, à cadela;
5. laquear as suas trompas uterinas;
6. castração;
7. extirpar o útero da cadela; e
8. administrar substâncias abortivas, para evitar uma gestação, indesejada, causada por um acasalamento acidental, não programado.

6.1.2. Provocando um Aborto

Podemos impedir o início de uma gestação, em uma cadela, mesmo depois de ela haver sido acasalada, normalmente. Para isso, devemos empregar substâncias abortivas, algumas em pílulas, desde que receitadas por um médico veterinário. Se, porém, ela já estiver em gestação, a solução é provocar um aborto, o que é melhor não fazer, pelos graves prejuízos que pode causar à saúde da cadela.

6.1.3. Cesariana e Histerectomia

Normalmente, em partos difíceis ou impossíveis, a cadela deve se submeter a uma operação cesariana, realizada com a retirada dos fetos, diretamente de dentro do seu útero. Nessa ocasião, muitas vezes, o dono aproveita para esterilizar a sua cadela e, para isso, o médico veterinário pode fazê-la:

1. por laqueadura ou ligamento das trompas uterina;
2. a castração, retirando os seus 2 ovários;
3. a extirpação do útero das 2 trompas e dos 2 ovários.

Qualquer das três operações mencionadas é suficiente para esterilizar a cadela, inutilizando-a para a reprodução, embora ela possa continuar a viver normalmente, sem nenhum problema.

6.2. O MACHO

Para evitar que um cão se reproduza, podemos tomar as seguintes providências:

1. impedir que se aproxime de uma cadela no cio, para que ele não faça a sua cobertura;
2. submetê-lo a uma vasectomia ou ligadura dos canais pelos quais saem os espermatozóides, para serem ejaculados, tornando o cão estéril, mas que continua com os mesmos instintos sexuais; e
3. castração, com a retirada dos seus 2 testículos. O cão castrado fica estéril, mais calmo e perde o interesse pelas cadelas. Quando é castrado ainda muito novo, pode sofrer alterações na sua conformação, passando a apresentar alguma característica feminina.

CAPÍTULO VII
REPRODUÇÃO DO PIT BULL

Sem reprodução não há criação.

O sucesso de uma criação de cães depende de:
1. bons reprodutores, machos e fêmeas;
2. uma alimentação racional, saudável e suficiente;
3. boas instalações; e
4. um bom manejo.

7.1. IDENTIFICAÇÃO

Todos os machos, bem como também as fêmeas, devem ter um número e um nome, para que possam ser identificados, rigorosamente.

7.2. MACHOS

Eles são fecundos, reproduzindo durante toda a sua vida, desde que comecem a fazer acasalamentos antes dos 4 ou 5 anos de idade.

Além de puros, os padreadores ou reprodutores devem possuir todas as suas características raciais, bem acima da média. Seus órgãos sexuais ou genitais externos devem ser normais, permitindo um funcionamento perfeito, do seu aparelho reprodutor.

Angels in Fire Atika
3 anos de idade
Criador: Alexandre Von J. Murad
Piçarras - SC

Muito importante é que tenham uma boa saúde, não sejam muito magros ou muito gordos, mantendo-se dentro dos padrões da sua raça. Devem, ainda, ser precoces; rústicos; resistentes; fortes; musculosos; bem conformados; espertos e ágeis; focinho úmido; livres de calombos, pus ou corrimentos; pêlos sem falhas ou defeitos e nos padrões da sua raça.

Não devem ter problemas ou defeitos genéticos, entre os quais, surdez proveniente de ninhadas numerosas; ectrópio; atrofia retinal progressiva e displasia coxo-femural, havendo exames especiais para o diagnóstico dessas doenças. Existem, ainda, testes sorológicos, para identificar doenças venéreas, inclusive a brucelose, que é transmissível ao homem.

Uma seleção rigorosa dos machos, é da máxima importância para a criação, porque eles transmitem, a seus descendentes, as suas características psíquicas, físicas e raciais, tanto boas quanto más. Por esse motivo, deles depende, em grande parte, a qualidade dos filhotes, o seu padrão zootécnico e a melhoria da criação. A qualidade e o sucesso da criação, naturalmente, dependem, também das fêmeas.

7.3. FÊMEAS

Indispensável e muito importante, também, é fazer uma seleção rigorosa das cadelas, pois elas influem, e de maneira acentuada, na qualidade boa ou má dos seus filhotes.

Só devemos colocar em reprodução, cadelas puras e cujas características estejam bem acima da média da sua raça. Seu focinho deve estar sempre úmido. Elas devem ser sadias, espertas, vivas, bem conformadas e desenvolvidas, nem muito magras, nem muito gordas e com os pêlos em perfeito estado e de acordo com o padrão da sua raça.

Para se manterem durante um período mais longo, na reprodução, elas não podem ser muito velhas ou muito novas, mas é necessário, também, que sejam fecundas, férteis, prolíficas, boas parideiras, boas leiteiras e boas criadeiras, o que é indispensável para uma amamentação adequada e uma boa criação e desenvolvimento dos cãezinhos. Devem ser descartadas da reprodução, cadelas que não produzam leite, no mínimo, durante 30 a 35 dias, e em boa quantidade.

Embora as cadelas iniciem a reprodução com menos idade do que os machos, a terminam, também mais cedo, porque as gestações e lactações sucessivas, desgastam muito, o seu organismo. Mesmo assim, elas podem se reproduzir durante toda a vida.

Observando os resultados obtidos com os primeiros acasalamentos, os filhotes nascidos e o seu desenvolvimento e criação, é possível fazermos uma boa idéia sobre as qualidades das cadelas como parideiras, leiteiras e criadeiras. Quando seus filhotes não nascem sadios, fortes, com desenvolvimento e peso normais e em número satisfatório ou quando eles são fracos, doentes, defeituosos ou com um mal desenvolvimento, na desmama, elas demonstram, assim, que não são boas parideiras e boas criadeiras, o que ocorre, muitas vezes, porque sendo más leiteiras, não produzem leite nas quantidades necessárias para alimentar os seus cãezinhos.

As cadelas *Pit Bull*, normalmente, têm 2 partos por ano, e, em média 6,4 filhotes por ninhada, embora muitas delas ultrapassem esse número. Devemos deixar com elas, no máximo, 6 a 8 crias, para que se desenvolvam bem.

7.4. PUBERDADE

Os *Pit Bulls* já podem entrar em reprodução ao atingirem a maturidade sexual ou puberdade, aos 8 a 10 meses de idade, pois é nesse período que as cadelas têm o seu primeiro cio e ovulam, e os machos começam a ejacular os espermatozóides. O melhor, porém, é não fazê-los se reproduzir, com essas idades, principalmente as fêmeas, pois são ainda muito novas, o que poderá prejudicar o seu desenvolvimento, devido ao grande desgaste causado por uma gestação e uma lactação sucessivas o que se acentua quando a ninhada é muito numerosa e elas têm uma produção leiteira muito grande. Além disso, quando as cadelas são muito jovens, o seu instinto maternal ainda não se desenvolveu satisfatoriamente e, por esse motivo, elas não cuidam dos seus filhotes e nem os amamentam tão bem, como o fazem quando estão com mais idade. Além disso, elas, às vezes, abandonam os seus filhotes e chegam, até mesmo, a devorá-los, praticando o canibalismo.

Devemos acasalar as fêmeas, pela primeira vez, somente do seu 3º cio, em diante, e os machos, com 1 a 2 anos de idade. Desde que sejam sadios e estejam em boas condições físicas, eles são fecundos e podem se reproduzir durante toda a sua vida. Quando, porém, nunca foram acasalados antes dos 4 ou 5 anos de idade os machos, dificilmente, se reproduzirão depois de atingirem essas idades.

A reprodução dos cães só dará bons resultados técnicos e econômicos, se os machos e fêmeas forem bem selecionados e possuírem um elevado padrão zootécnico. Além disso, o criador deve controlar, rigorosamente, todas as etapas da reprodução e da criação, principalmente quando o seu objetivo é comercial.

Outro problema muito importante, para o sucesso da criação, é a consangüinidade, ou seja, o acasalamento entre machos e fêmeas que sejam parentes próximos pois, quando mal orientada, ela pode ser bastante prejudicial, porque soma, não somente as qualidades, mas também os defeitos do casal, podendo produzir filhotes com defeitos, às vezes muito graves.

7.5. CICLO SEXUAL – CADELA

A cadela pode se reproduzir durante toda a sua vida, porque ovula durante todo esse período, pois não tem menopausa. Não devemos, porém, acasalá-la com mais de 7 ou 8 anos de idade, pois, quando é velha, sua reprodução é de risco.

Ele ocorre em média, de 6 em 6 meses, mas pode variar de 5 a 12 meses. É dividido em 4 fases:

- **1ª) Proestro (9 dias).** Nesta fase, a sua vulva da cadela fica inchada, ela tem perda de sangue e urina com maior freqüência. Embora atraia o macho, não se deixa acasalar;
- **2ª) Estro ou cio (9 dias).** Sua vulva continua inchada, não há mais o sangramento e ocorre a ovulação nos 2 ou 3 primeiros dias dessa fase. A cadela fica muito excitada sexualmente, aceita o macho e até o procura para ser acasalada.
- **3ª) Metaestro ou fase de regressão.** Cujo período é de mais ou menos 90 dias, mas que pode variar; e
- **4ª) Anestro.** Que é a fase de repouso dos ovários, tem 4 a 6 meses de duração e termina com o início de um novo ciclo estral ou sexual.

7.6. O CIO

É também denominado de estro ou calores e significa o apetite sexual da fêmea. O 1º cio da cadela ocorre quando ela atinge a puberdade, o que, na raça *Pit Bull*, acontece entre os 8 e 12 meses de idade. Ele dura, em média, 9, mas varia de 5 a 12 dias.

A ovulação ocorre, provavelmente, no 2º ou 3º dias dessa fase, considerada na prática, e por esse motivo, a mais importante do ciclo sexual ou estral, pois é o período fértil da cadela, no qual ela pode engravidar e no qual, por isso, são feitos os acasalamentos.

As coberturas devem ser realizadas 2 a 3 dias depois de parar a hemorragia ou "sangue", ou seja, 10 a 12 dias do começo do sangramento. Esse período é muito importante, porque é nele que a cadela, não apenas aceita o macho, mas até sai à sua procura, para ser coberta.

Um método muito prático e fácil, para saber se a cadela parou de perder sangue, é colocá-la para dormir sobre um saco, pano ou lençol branco ou claro, trocado todos os dias, porque ele fica sujo de sangue, todas as noites, quando a cadela dorme sobre ele. No dia em que ele amanhecer limpo, é sinal de que o sangue parou. Basta, depois, contar 11 ou 12 dias a partir do início do sangramento, para fazer o acasalamento da cadela.

7.6.1. Problemas no Cio

Uma série de problemas pode afetar a intensidade do cio, diminuindo-o ou causando a sua ausência ou desaparecimento. Entre eles, podemos mencionar uma alimentação defeituosa, deficiente, excessiva ou afrodisíaca; consangüinidade; distúrbios glandulares e outros, etc.

As cadelas podem ter distúrbios do cio, como o cio permanente, cujas causas podem ser quistos ovarianos, algumas doenças, etc., sendo chamadas de ninfômanas, da palavra ninfomania, que significa excesso ou abuso do coito ou acasalamento. Outras podem apresentar metrite, que é a inflamação do útero, o que provoca uma duração variável e anormal da sua menstruação. As cadelas não devem, também, ficar muito gordas ou obesas, pois isso prejudica a sua reprodução, porque elas não concebem ou raramente o fazem, devido à obstrução do seu aparelho reprodutor, causada pelo excesso de gordura. Pelo mesmo motivo, o seu parto se torna difícil e às vezes, até impossível, sendo necessária uma operação cesariana para o nascimento dos filhotes.

7.6.2. Cio Normal

Quando a cadela está no cio, o seu comportamento se altera muito. Ela vai ficando cada vez mais agitada, agoniada, inquieta e irritada e até foge de casa, para procurar um macho para acasalá-la. Urina com freqüência, mas apenas algumas gotas de urina de cada vez e, para isso, levanta uma das patas traseiras, imitando os machos. Além disso, toma algumas atitudes sexuais, montando tanto sobre machos quanto sobre fêmeas e também sobre pessoas, principalmente em suas pernas. Desse modo, demonstram a sua excitação ou desejo sexual.

A cadela apresenta pequenos sangramentos durante os 9 ou 10 primeiros dias, mas só se deixa acasalar quando ocorre a ovulação dos 10 a 14 dias desse período. Vários fatores, porém, podem provocar alterações nesses períodos.

7.7. ANTES DO ACASALAMENTO

A cobertura, coito ou acasalamento ocorre, em geral, normalmente, porque se trata de um ato indispensável, para que os animais se reproduzam de maneira natural e sem o qual eles não o podem fazer. Quando, no entanto, a cadela e o cão são virgens, o acasalamento se torna difícil e, às vezes, impossível, sendo necessária a intervenção ou ajuda do dono, para que o pênis do cão penetre pela vulva da cadela. O melhor período para fazer a cobertura da cadela, é aquele em que ela levanta a sua cauda ou a afasta para um dos lados, pois isso significa que ela está facilitando a sua cobertura.

É importante que antes de reunirmos o casal, sejam tomados alguns cuidados, entre os quais: só acasalar cadelas do seu 2º cio, em diante, e os machos, entre 11 e 18 meses de idade; quando o casal não é mais ou menos da mesma idade, é aconselhável acasalar uma cadela mais nova, principalmente quando ela é virgem, com um macho mais velho e experiente, ou um macho mais novo, com uma cadela mais velha e experiente; só fazer acasalamentos entre animais que sejam sadios, que possuam todos os órgãos genitais perfeitos e sem alterações como inflamações, infecções, corrimentos, cortes, feridas, abcessos, tumores, etc. Eles devem estar livres, também, de parasitas internos, ou seja, de vermes, ou de parasitas externos como pulgas, carrapatos, etc.

7.8. RITUAL

Sendo a fêmea e o macho estranhos um ao outro, é necessário todo o cuidado, para que se acasalem. Para isso, devemos agir da seguinte maneira:

1. o cão é contido pela guia, por uma pessoa e a cadela, por outra, que os mantêm próximos mas separados, para que possam se ver bem e para que as suas atitudes em relação um ao outro sejam controladas com facilidade;
2. se um tentar atacar o outro, deve ser controlado e acalmado com palavras;
3. permitir que eles, quando não demonstrarem hostilidade, se aproximem um do outro e se cheirem;
4. se abanarem a cauda, não demonstrando nenhum sinal de agressividade, as guias podem ser afrouxadas, permitindo que melhor se reconheçam, cheirando as regiões genital e anal do seu companheiro;

Buster Gnatas
Macho com 11 meses de idade
Brincando na água
Canil Pit Bull Asteca

5. não havendo sinais de hostilidade, eles podem ficar livres, para o acasalamento, que ocorre, naturalmente, quando a cadela está no cio e o cão é normal e sadio;
6. o casal fica "engatado" durante mais ou menos 15 minutos;
7. após o macho ejacular os espermatozóides, na vagina da fêmea, termina o acasalamento e o casal se separa, normalmente;
8. a fêmea deve ser isolada, imediatamente, de qualquer outro animal.

Como a cadela ainda aceita o macho, por 5 a 7 dias, mais ou menos e embora não seja, normalmente necessário, a cobertura pode ser repetida nos 2 dias seguintes ao do acasalamento, ou então, 1 ou 2 vezes, com um intervalo de 1 dia entre elas. Terminada a cobertura, o macho e principalmente a fêmea, devem ser submetidos a uma boa higiene, mas que só deve ser externa.

Após o acasalamento e o fim do seu cio, a cadela deve voltar à sua rotina, à sua vida normal. Por esse motivo, não devem ser alterados os seus hábitos e a sua alimentação, até ficar comprovado que ela engravidou.

7.9. ACASALAMENTO

Também denominado cobertura ou coito tem, como função, permitir que os espermatozóides do macho penetrem nos óvulos, no interior da fêmea, fecundando-os e produzindo os ovos que, com a gestação, se transformam em embriões e estes em fetos. Sem fecundação não há gestação, sem a qual não pode haver reprodução. A fecundação pode ser feita, também, por inseminação artificial ou "in vitro", em laboratório, sendo que, neste caso, os óvulos já fecundados, ou seja, os ovos férteis, são introduzidos no útero da cadela.

O acasalamento ocorre, porque o cão tem uma atração sexual pela cadela, e esta, por ele, o que é provocado pela presença de hormônios sexuais que produzem o "cheiro" especial que a fêmea exala quando está no cio e que atrai os machos, mesmo que estejam longe.

7.10. A COBERTURA

Pode ser feita em qualquer lugar, mas de preferência, na casa do macho, para a qual deve ser levada a cadela. Para evitar algum acidente, quando o casal se encontrar pela primeira vez, o melhor é a fêmea estar com uma focinheira ou o focinho amarrado com uma cordinha, para que não morda o macho.

Por ser o melhor período para a cobertura, ela deve ver feita 2 a 3 dias depois de a perda de sangue parar. O casal deve ser colocado em um ambiente sossegado e sempre com a presença de uma pessoa para controlá-lo. Além disso, não devemos deixar que outro macho fique por perto, para evitar que ele, também, acasale a cadela.

7.11. CONTROLE

Uma pessoa deve assistir ao acasalamento, para verificar se ele foi efetuado normalmente e para intervir, tomando as providências indicadas, quando necessária. Ele deve ser realizado no 11º ou 12º dias contados do início da menstruação ou sangramento, embora possa haver uma pequena variação, pois não existe um dia certo, como o melhor, para a cadela conceber. Podemos considerar, como a melhor época para a cobertura, aquela em que a fêmea está no seu período de cio e muito excitada sexualmente e que, não só aceita o macho, como até o procura e nele monta, como também em outras cadelas que encontre.

Quando no cio e bastante excitada, a cadela levanta a sua cauda ou a desvia para um dos lados, de maneira típica para essas ocasiões, para seduzir os machos, pois essa posição facilita a sua cobertura.

O acasalamento pode ocorrer até o 16º dia após o começo da menstruação ou sangramento e ser repetido 24 ou 48 horas depois da sua ocorrência, permitindo assim, maior possibilidade de fecundação.

7.12. PENETRAÇÃO DO PÊNIS

A partir da penetração do pênis, na vagina da cadela, até o casal se separar, o acasalamento dura, normalmente 15 minutos, mas pode atingir 30 minutos ou até mais, sem nenhum problema. Por esse motivo, o dono de uma cadela, quando contrata um cão para acasalá-la, considera satisfatório, o "serviço", se o casal ficar "engatado", no mínimo, durante 15 minutos, que é o tempo para o macho ejacular, o que ele faz lentamente e em gotas, porque o seu pênis, quando penetra na vagina da cadela, ainda está mais ou menos mole ou flácido. Quando, porém, está em seu interior, entra em ereção total, ficando entumescido e rígido, o que ocorre, também, com as protuberâncias ou "bolas" que ele possui, uma de cada lado e que são, também, "moles" e que vão se ajustando e passando pelos ossos pélvicos, da bacia da cadela mas que, quando dentro da sua vagina ficam, também, maiores, entumescidas e duras, segurando o pênis por dentro da vagina, o que faz com que o casal fique "engatado", só podendo se separar algum tempo depois, quando vai diminuindo a ereção do macho e o seu pênis e as suas protuberâncias laterais vão, também, diminuindo, o que possibilita a sua saída entre os ossos pélvicos da cadela.

Enquanto estiverem juntos e engatados, o cão e a cadela não devem ser incomodados, porque podem se movimentar ou até sair correndo, o que lhe causa dores, ferimentos e fraturas do osso peniano do macho ou dos ossos da bacia, da fêmea. Enquanto o casal estiver engatado, deve ficar bem sossegado, até que possa se separar, normalmente.

Como é um ato normal, muito importante e indispensável, mesmo, na vida dos cães, porque sem ele, a sua espécie desapareceria, o acasalamento ocorre sem nenhum problema, para que a sua reprodução natural se processe normalmente. A cadela não deve ser deixada com o macho, por vários dias, mesmo que ela esteja no cio, pois isso não é necessário e só causaria esgotamento, especialmente no macho. No caso de o acasalamento não ser realizado, ele pode ser tentado, novamente, após um intervalo de 1 hora.

7.13. DEPOIS DO ACASALAMENTO

Alguns cuidados devem ser tomados após a monta e, o mais importante, é não deixar que outro macho fique perto da cadela, depois que ela foi acasalada, para impedir que ele faça, também, a sua cobertura e também a fecunde (ver superfecundação), fazendo com que ela tenha uma ninhada com filhotes de 2 pais.

Quanto termina o seu cio, a cadela pode retornar à sua vida normal, até que fique comprovado que está grávida.

7.14. ANTIPATIA SEXUAL

Os cães sentem, às vezes, antipativa sexual, como no caso de uma cadela que não se deixa acasalar por um certo macho, mas que aceita outros machos a ela apresentados. O mesmo ocorre com os machos que se negam a fazer o acasalamento de determinada cadela, mas que, na mesma hora, cobrem outras cadelas a eles reunidas. Nesses casos, não devemos forçar essas coberturas, embora possamos tentá-las em outras ocasiões.

7.15. IMPOTÊNCIA SEXUAL

Um macho, às vezes, se mantém indiferente, não ligando para a cadela, mesmo quando ela está no cio e tenta seduzi-lo, até montando nele, o acariciando, etc. Essa atitude do cão não é normal e pode ser provocada por doenças orgânicas, infeccionas ou parasitárias; por algumas anomalias; por desvios sexuais ou por problemas psíquicos.

7.16. FATORES PSÍQUICOS

É muito comum que, quando um filhote desmamado muito novo ainda, é adotado por uma família que o trata com muito afeto e todo o carinho, é alimentado na mamadeira e fica isolado em um apartamento ou uma casa, sem haver tido nenhum contato com outro cão, de qualquer idade, se integre, completamente, à sociedade humana e passe a se considerar um seu verdadeiro membro. Por esse motivo, ele perde, completamente, todo interesse por outros cães, que ele passa a considerar como sendo de outra espécie. Portanto, o fracasso do acasalamento foi o resultado de um comportamento anormal do macho, causado por um fator psíquico.

Outros fatores como doenças, más condições físicas, alimentação inadequada ou deficiente, etc. podem, também, provocar uma impotência sexual passageira ou permanente, o que torna impossível a cobertura, mesmo quando a cadela está no cio e assedia o macho, para ser acasalada.

7.17. GESTAÇÃO

Também denominada prenhez ou gravidez, tem início com a nidação, ou seja, o instante em que os óvulos já fecundados pelos espermatozóides e transformados em ovos férteis, se fixam no interior do útero e termina com o nascimento dos filhotes.

É pela gestação que os ovos férteis, fixados no interior do útero da cadela, vão se transformando em embriões e estes em fetos. Cada feto fica dentro de uma bolsa d'água independente, na qual ele nasce. Ela deve ser aberta, imediatamente após o nascimento do filhote, para que ele possa respirar o ar livre.

7.17.1. Duração

O período de gestação é, em geral, mais longo nas cadelas que produzem ninhadas pequenas e mais curto nas que terão ninhadas grandes, mas a sua duração média é de 63 dias, podendo, no entanto, variar.

7.17.2. Diagnóstico

A gestação da cadela pode ser confirmada, a partir do 21º dia após o seu acasalamento, quando utilizada a ultrassonografia. Por um exame externo, porém, embora alguns sintomas possam orientar a esse respeito, 30 a 35 dias somente, após o acasalamento, é que pessoas que não possuam muita experiência, podem verificar a gravidez da cadela, que apresenta os seguintes sintomas: fica mais calma; começa a engordar; vai alterando o seu andar; o formato do seu corpo vai se modificando; a sua barriga vai se esticando e aumentando para os lados; no 2º mês, no final da gestação, suas tetas aumentam e delas sai um leite amarelado, quando as espremêmos; e os movimentos dos fetos podem ser observados, externamente e com mais facilidade, quando a cadela se deita de lado.

A palpação ventral, no entanto, é o método mais seguro para o diagnóstico da gestação, mas deve ser feita com muito cuidado, para não causar traumatismos nos fetos ou na cadela. Com um estetoscópio, podemos ouvir as batidas dos corações dos fetos.

7.17.3. Gestações Anormais

Podemos citar as seguintes: extra-uterinas, nas trompas e de alto risco; aborto, que é a expulsão dos fetos, do útero da cadela, antes de completarem o seu desenvolvimento, não podendo sobreviver; fetos anormais ou monstruosidades; fetos com 30 a 45 dias de gestação, que morrem e são reabsorvidos pelo organismo da cadela; fetos que ficam mumificados e permanecem no útero da cadela, obstruindo-o.

7.17.4. Gestantes - Exercícios

A cadela deve fazer exercícios, diariamente, logo que for confirmada a sua gravidez, para estimular a sua respiração e a sua circulação sangüínea, além do funcionamento dos seus intestinos, para evitar a prisão de ventre ou constipação; manter ativos os seus músculos para ajudar no parto; evitar que ela engorde muito, o que faz mal à sua saúde e dificulta o parto, aumentando os seus sofrimentos.

Os exercícios devem ser controlados, para que a cadela não fique cansada, principalmente no final da gestação, pois, nesse período, ela deve ficar descansada, calma e relaxada, física e psiquicamente.

Cherokee Arklon Africaner's
Fêmea com 2,5 anos de idade
Canil Pit Bull Asteca

7.18. ALIMENTOS NA GESTAÇÃO

No primeiro mês de gestação, não há necessidade de alterar a alimentação da cadela. No seu 2º mês de gravidez, porém, devemos fornecer-lhe alimentos frescos, sadios, limpos e abundantes, mas não gordurosos, para que ela não engorde muito e possa, até, ficar obesa.

Durante a gestação, é indispensável que a cadela receba uma alimentação adequada porque, além de ter que atender às suas necessidades nutritivas, tem que formar e alimentar os fetos e depois, amamentar os filhotes, com o seu leite, o que, quando ela não é bem alimentada, lhe causa um grande desgaste físico. A sua alimentação, portanto, deve ser abundante, completa, bem equilibrada e composta de hidratos de carbono, proteínas, vitaminas e sais minerais, para que ela sofra, apenas, um desgaste físico normal e os seus filhotes tenham um bom desenvolvimento.

A cadela deve receber, como alimentos: rações balanceadas (de preferência), cereais, farinhas, carnes, peixes, ovos, verduras, etc.

No seu 2º mês de gestação, porém, devemos dar-lhe 2 refeições ao dia, mas com um aumento de 20 a 30%, na quantidade de alimentos, para suprir as maiores necessidades alimentares dos fetos, nessa fase. Devemos também, suplementar a sua alimentação, com um complexo de vitaminas e de sais minerais, além de fornecer-lhe água fresca, limpa e à vontade, principalmente durante a gestação e a lactação, pois suas necessidades desse líquido, são bem maiores, nesses períodos.

Se, durante o período de gestação, a cadela apresentar febre, perda de apetite, tristeza, abatimento, excitação, corrimento vaginal com ou sem sangue, ou qualquer outro sintoma de algum distúrbio, deve ser examinada por um médico veterinário, o que pode, até, evitar um aborto.

7.19. FALSA GESTAÇÃO

É o fato de a cadela apresentar todos os sintomas de uma gravidez normal, após haver sido acasalada: fica mais calma, começa a engordar, sua barriga vai aumentando, suas mamas crescem e quando as espremermos, delas sai um leite amarelado. Terminado, porém, o período normal de gestação, de 63 a 72 dias, não há nenhum sintoma de parto, ela começa a emagrecer e retorna ao seu estado normal, sem ter dado cria. Isto significa que ela teve uma falsa gestação, também denominada pseudo gestação ou gestação psíquica e que pode haver ocorrido, porque a cadela foi acasalada por um macho estéril ou por haver montado sobre ele ou sobre outra cadela ou por haver sido montada por ela mas, sempre entrando em orgasmo, o que fez entrar em funcionamento, o seu mecanismo da reprodução, fazendo com que a cadela sentisse como se estivesse entrado, normalmente, em gestação, apresentando, por isso, todos os sintomas desse estado. Esses sintomas persistem até à época em que aconteceria o parto normal, voltando a cadela aos seus estados físico e psíquico normais.

A solução, quando isso ocorre, é esperar que a cadela fique no cio, para ser acasalada normalmente.

Pode ocorrer, também, que os embriões morram no útero, o que interrompe a gestação, embora a cadela ainda continue se considerando grávida e apresentando todos os sintomas de uma gravidez que não mais existe e que é, portanto, uma falsa gestação, como a mencionada, anteriormente, mas causada por outro problema. Os embriões podem morrer, também, por outras causas, como uma consangüinidade estreita, doenças, intoxicações, fatores letais, etc.

7.20. FALSA GESTAÇÃO E LEITE

A cadela em falsa gestação, quando vai chegando o dia em que o parto se realizaria, começa a ficar com as tetas maiores, túrgidas e que começam a produzir, fazendo-a sentir dores, devido à pressão interna, causada pelo leite que as está enchendo. Quando isso ocorrer, o melhor é tirar um pouco de leite, da cadela, para aliviar a pressão nas suas mamas e as dores que ela está sentindo. Essa "tirada", no entanto, pode aumentar a sua produção leiteira.

Muitas vezes a cadela, quando em falsa gestação, produz uma quantidade tão grande de leite, que pode ser aproveitada como ama-de-leite, amamentando filhotes órfãos ou excedentes de ninhadas grandes, de outras cadelas.

Compressas com panos quentes e massagens fazem, também, diminuir as dores que a cadela sente, quando suas tetas estão inchadas, inflamadas ou muito cheias de leite.

Como curiosidade, e confirmando o mencionado, sobre a influência do fator psíquico, na reprodução e na criação de filhotes, citaremos o caso de uma cadela por nós conhecida que, encontrando uma ninhada de gatinhos, expulsou a gata do ninho e passou a amamentá-los, sem nenhum problema, até à sua desmama natural.

7.21. VENTRE SUJO

Se uma cadela pura for acasalada por um macho puro, mas de outra raça, um mestiço, um cão sem raça definida ou um "vira-latas", ela não fica "estragada" ou com o "ventre sujo", como dizem algumas pessoas, e pode produzir ótimos filhotes quando, no cio seguinte, for coberta por um excelente reprodutor da sua raça porque, sob o aspecto hereditário ou genético, uma gestação não tem relação alguma, direta ou indireta, com gestações posteriores ou anteriores. Isso se explica porque, quando a cadela entra no cio, produz um determinado número de óvulos maduros que se soltam dos ovários, atravessam as trompas, no interior das quais são fecundados pelos espermatozóides que o cão ejacula na vagina da cadela, durante a cobertura, e que se transformam em ovos férteis que seguem para o útero, no interior do qual, se fixam, ocorrendo, assim, a nidação, e iniciando-se a gestação.

Em algumas horas, todos os óvulos que não foram fecundados, os ovos que não se fixaram do interior do útero e todos os espermatozóides ainda existentes, morrem. Portanto, todos os elementos masculinos e femininos, ou seja, espermatozóides e óvulos, que poderiam tomar parte em uma futura gestação, deixam de existir, ficando a cadela totalmente "limpa". Não mais existindo espermatozóides do macho que efetuou a cobertura, e nem óvulos por eles fecundados, ou seja, ovos férteis, logicamente, ele não pode influir em um novo acasalamento, que só pode ser realizado 6 meses depois, quando a cadela entrar em um novo cio.

É através dos cromossomos encontrados nos espermatozóides, que as características dos machos são transmitidas a seus descendentes. Portanto, não mais existindo espermatozóides do acasalamento anterior, o macho nele utilizado, certamente, não poderá exercer influência alguma em uma gestação cujo início ocorreu 6 meses depois do primeiro acasalamento.

7.22. ABORTO NATURAL

Como qualquer outra fêmea, também a cadela pode sofrer um aborto, ou seja, a saída ou expulsão dos fetos, do seu útero, antes de eles completarem o seu desenvolvimento. Neste caso, ele é chamado de aborto natural.

Numerosas podem ser as suas causas: traumatismos; quedas; pancadas; consangüinidade; doenças infecciosas, parasitárias e orgânicas; sustos provocados por barulhos súbitos como explosões, tiros, gritos, berros ou urros, etc.; excesso de calor ou de frio; cadelas cobertas muito novas ou por machos muito jovens; cadelas acasaladas com cães com blenorragia; intoxicações alimentares ou medicamentosas; envenenamentos; alimentação defeituosa ou de má qualidade; constipação ou prisão de ventre, por uma alimentação inadequada, com excesso de gordura, grãos ou farelos; presença de animais estranhos, principalmente selvagens, etc.

Quando uma cadela abortar, deve ser atendida, o mais rápido possível, por um médico veterinário, inclusive para que seja verificada a causa do aborto e, principalmente, se ele é infeccioso, podendo ser transmitido a outras cadelas.

7.23. ABORTO PROVOCADO

Ocorre quando o dono da cadela, por algum motivo, não quer que ela se reproduza como, por exemplo, falta de espaço; ele não tem tempo para cuidar da ninhada, etc.; por ela haver sido acasalada contra a sua vontade ou por um macho puro, mas de outra raça, mestiço, defeituoso ou que sofra de alguma doença aguda ou crônica. Em qualquer situação, porém, a cadela deve ser examinada, o mais rápido possível, por um médico veterinário, para que tenha uma boa assistência, diminuindo os riscos e os danos que o aborto pode causar ao seu organismo e à sua saúde.

Nos casos em que, realmente, seja impossível evitar o aborto, o melhor é provocá-lo até 2 dias depois da cobertura, para evitar a nidação, ou seja, a fixação dos ovos, no útero e, portanto, que se inicie a gestação.

O mais indicado e melhor, mesmo, para a saúde da cadela, é deixar que ela tenha os seus filhotes.

Capítulo VIII
O Parto

8.1. COMPORTAMENTO NA GESTAÇÃO

Geralmente, uma cadela, por mais calma e mansa que seja, quando é acasalada e entra em gestação, tem o seu comportamento alterado, inclusive em suas relações com as pessoas. Ela fica arredia e se afasta ou se torna agressiva com muitas delas mas não, geralmente, com as quais ela tem um maior relacionamento, como o seu dono e a sua família.

Após o parto, porém, principalmente nos 3 primeiros dias, a cadela pode ficar brava e até feroz, atacando as pessoas que se aproximam do ninho, pois pensa que elas vão mexer nos seus filhotes. Algumas vezes, ela pode ficar sem leite e enjeitar, abandonando os filhotes e até praticando o canibalismo, devorando-os.

8.2. PREPARANDO PARA O PARTO

Não é necessário modificar a alimentação da cadela, no seu 1º mês de gestação. No 2º mês, porém, devemos:
1. aumentar a quantidade de alimentos, em 20 a 30% e acrescentar um complexo de vitaminas e de sais minerais;
2. cortar ou raspar os pêlos da cadela, nas regiões genitais, para facilitar a higiene pré-natal e na mamária, para que os filhotes recém-nascidos, mamem com mais facilidade;

3. fornecer à cadela, um ninho ou uma cama limpos, higiênicos e quentes, ou seja, um ambiente adequado e calmo, para o nascimento dos filhotes e a sua manutenção até à desmama;

4. dar, à cadela, uma assistência física e psicológica, ajudando-a, quando ela precisar; e

5. manter o ambiente a uma temperatura a 25 a 28°C, o que é indispensável para os filhotes, especialmente recém-nascidos e nas suas primeiras semanas de vida, porque o frio é uma das principais causas das suas mortes. Após esse período, podemos baixar a temperatura para 23 a 25°C.

8.3. NINHO OU CAMA

Quando a cadela possui uma casinha, o parto pode ser realizado em seu interior, em uma cama ou ninho, desde que ela seja bem abrigada e protegida do frio, dos ventos e do Sol, além de manter uma temperatura adequada, em seu interior. Ele pode ocorrer, também, em maternidades instaladas em canis ou até mesmo, no interior de uma casa, como a do dono da cadela. É melhor, porém, que, em qualquer caso, a cadela comece a dormir no ninho, uns dias antes do parto, para com ele se acostumar.

O ninho é necessário como local para o nascimento dos filhotes e para sua permanência até à desmama. Sendo mantido em um lugar fechado como um galpão ou uma casa, por exemplo, ele pode ser apenas um caixote ou uma caixa de madeira lisa, e de preferência, impermeabilizada, ou então, uma cesta. Devemos forrá-lo, sempre, com papéis, jornais, panos, lençóis ou cobertores, de acordo com a temperatura nas instalações.

8.3.1. Tamanho

Para que a cadela se sinta à vontade, em seu interior, o ninho deve ter um comprimento igual a uma vez e meia o do seu próprio, permitindo que ela possa nele se deitar, completamente esticada e bem acomodada, para amamentar a sua ninhada. O espaço deve ser suficiente, também, para que ela e seus filhotes fiquem bem acomodados e possam por ele andar livremente.

É importante que o fundo do ninho não seja liso e nem escorregadio, para que os cãezinhos não escorreguem e se machuquem ou sofram luxações, como a abertura das patas. Ele pode ser áspero ou forrado com jornais, panos, sacos ásperos e grossos ou mesmo palha seca.

8.3.2. Tipos

O ninho pode ser aberto e sem tampa, ou seja, uma caixa em geral de madeira, plástico especial ou papelão, mas com a parte da frente mais baixa, para facilitar a entrada e a saída dos filhotes e só deve ser usado em ambientes protegidos, bem abrigados e quentes, com temperaturas de 28 a 32°C, ou então, fechado ou com tampa mas, neste caso, com uma altura que permita que a cadela entre nele, de pé e que possa nele se movimentar livremente. A sua tampa deve ser presa, a ele, por dobradiças, para que não caia sobre a cadela e os seus filhotes, ferindo-os ou até causando a sua morte. Para aquecê-lo, podemos usar lâmpadas, resistências elétricas, etc.

Os ninhos podem ser encontrados, já prontos, em Pet Shops e casas especializadas em produtos para animais.

8.3.3. Proteção contra Acidentes

Várias são as causas dos acidentes que podem sofrer os filhotes de todas as idades, ficando feridos e até morrendo por esmagamento ou asfixia causados pela cadela que, embora boa mãe e tendo todo o cuidado com eles pode, sem o perceber, se deitar sobre eles ou imprensá-los contra a parede do ninho.

Para evitar esses acidentes, devemos fixar, por alguns suportes, e ao longo das paredes internas do ninho, um cano de PVC de ½ ou ¾ de polegada de diâmetro ou uma barra roliça de madeira, como um cabo de vassoura, mas delas separadas de 15 a 20cm e a uma altura do piso, também de 15 a 20cm, o que impede a cadela de se deitar encostada nas paredes. Mesmo que ela se encoste nos canos, fica separada da parede, por um vão livre de 15 a 20cm de largura, o que evita o esmagamento involuntário dos filhotes, pela cadela.

Esse cano pode ser substituído por uma prateleira com 15 a 20cm de largura e fixada, também, a 15 ou 20cm do piso.

8.3.4. Higiene

É importante que o ninho se mantenha o mais limpo, higiênico e seco, possível, para que nele não se desenvolvam bactérias, fungos, vermes e outros agentes que provoquem doenças na cadela e nos seus filhotes.

Durante o período em que vive coma sua ninhada, no ninho, a própria cadela o mantém em bom estado e bem limpo. Mesmo assim, o criador deve examiná-lo, todos os dias, para verificar o seu estado e o dos filhotes nele existentes.

8.4. ACOMPANHANTE

Para que a cadela se sinta mais protegida e fique calma durante os trabalhos, principalmente do seu primeiro parto, é aconselhável que ela seja acompanhada por uma pessoa, de preferência sua conhecida e que seja calma, para que lhe transmita esse estado de espírito. Uma pessoa nervosa a faria ficar excitada e nervosa, o que prejudicaria o seu comportamento com os filhotes recém-nascidos e diminuiria a sua produção leiteira.

O objetivo do acompanhante é o de ficar perto da cadela para que ela se sinta protegida. Ele só deve agir para ajudá-la, ou aos seus filhotes, quando isso for necessário.

Para casos de necessidade ou emergências, devemos ter, à disposição: bisturi; tesoura; pinça hemostática; fios para amarrar o cordão umbilical dos recém-nascidos, quando necessário; toalhas para limpar e enxugar os filhotes e a cadela; algodão hidrófilo; desinfetantes; material para identificação dos filhotes logo após o nascimento; etc.

8.5. PARTO

É a expulsão dos fetos do útero da cadela, após completarem o seu desenvolvimento intra-uterino, e termina com o nascimento dos filhotes. São as contrações abdominais e uterinas, estimuladas pela ação dos hormônios e pelos movimentos reflexos dos fetos, que provocam as "dores" do parto. Geralmente ele ocorre 54 a 72 dias e, em média 63,5 dias, após a cobertura da cadela.

Ao se aproximar o dia do parto, a cadela vai ficando com as mamas e tetas mais inchadas e túrgidas e, quando as esprememos, elas deixam sair um leite amarelado.

O parto ocorre, geralmente à noite, mas pode acontecer durante o dia.

8.6. PARTO PRÓXIMO

Como o parto pode se antecipar, 6 a 10 dias da data prevista para ele, o criador deve aumentar a sua vigilância, quando a cadela vai chegando ao período final da sua gestação.

Quando houver suspeita ou perigo de um parto prematuro, a primeira providência a tomar é medir a temperatura da cadela. Quando ela for inferior à normal, que é de 38,5°C, sendo de 37,5°C ou 37°C, há a possibilidade de ele ocorrer porque, normalmente, 12 horas antes do parto, a temperatura corporal da cadela cai para menos de 37,8°C.

Outro sintoma de que ele está se aproximando, é que, 2 ou 3 dias antes do parto, o ventre da cadela "baixa" e as pessoas dizem que a "barriga já desceu". Quando a cadela começa a arranhar e a "cavar" a cama, isso é o indício de ela entrará em trabalhos de parto, dentro de 24 horas, no máximo.

No dia do parto, a cadela para de comer, fica angustiada e cada vez mais inquieta, anda de um lado para o outro sem parar, entra e sai do ninho ou na sua falta, procura lugares calmos, escuros, silenciosos e quentes. Às vezes, a própria cadela faz um ninho, usando papéis, panos ou palhas ou até cava um buraco no chão, como os seus antepassados o faziam. O ninho deve ter uma cortina para que o seu interior fique escuro e para evitar que frio ou correntes de ar nele penetrem, porque a sua temperatura interna deve ser, durante o parto e por mais alguns dias de, no mínimo, 23°C.

8.7. TRABALHOS DE PARTO

A vagina da cadela vai sendo cada vez mais lubrificada pelas suas secreções vaginais, conhecidas como "descarga", que vão aumentando, o que facilita a expulsão dos filhotes. Além disso, um tampão mucoso existente no colo do útero, se desprende, lubrificando, ainda mais, as paredes da vagina, para que os filhotes nasçam com mais facilidade. A vulva da cadela fica maior, mais inchada, mais elástica e apresenta contrações. O colo do útero, durante essa fase, vai se dilatando, o que aumenta a passagem dos fetos para a vagina, da qual, passando pela vulva, são expulsos para o exterior. Começam, então, as contrações abdominais e uterinas, facilmente observadas. Elas são os primeiros sinais dos trabalhos de parto e vão ficando cada vez mais fortes e menos espaçadas, forçando a expulsão dos fetos. A cadela, durante esse período, olha muito para trás e muito nervosa, lambe a sua cauda.

Durante as "dores" ou contrações, a cadela se contorce, geme, se deita de lado e faz força, para ajudar a expulsão dos fetos, o que deve ser estimulado, na hora certa, pela pessoa que a está acompanhando, o que facilita o parto, diminui a sua duração e poupa dores e sofrimentos para a cadela e os seus filhotes. A cadela, em partos difíceis ou demorados, pode ficar muito cansada ou até exausta sendo, muitas vezes, necessária a intervenção cirúrgica, para que os filhotes possam nascer. Geralmente, o primeiro parto demora mais tempo do que os partos seguintes.

Quando a bolsa estoura e a "água" sai pela vulva, este é o primeiro sinal de que teve início o parto. O filhote começa a nascer, dentro da bolsa d'água, e sai pela vulva da cadela. Cada bolsa abriga somente um feto. Normalmente, os filhotes nascem com apresentação cefálica, saindo primeiro, a sua cabeça e depois, por ordem, o ombro e o restante do corpo e terminando, as pernas traseiras. Também normal e comum é a apresentação posterior, de nádegas ou cauda, e o parto se realiza normalmente. Ocorrem, ainda, apresentações anormais de fetos, o que pode tornar o parto difícil ou até impossível, exigindo intervenções cirúrgicas, como a cesariana, por exemplo.

Quando o feto aparecer na vulva da cadela e não nascer em 5 minutos, mais ou menos, deve ser puxado pela pessoa que a está acompanhando, mas com todo o cuidado, para não causar traumatismos no filhote ou na parturiente. Podemos, também, ajudar o filhote a nascer mais rápido, se conseguirmos segurá-lo firme, pela cabeça ou pelas patas e puxá-lo durante as contrações.

O 1º filhote pode nascer, normalmente, em poucos minutos ou 1 ou 2 horas depois de iniciados os trabalhos de parto. Os intervalos entre os nascimentos dos filhotes de uma ninhada, embora possam variar, são, geralmente, de 20 minutos a 1 hora. Terminado o parto, devemos, imediatamente, verificar por palpação ventral, se nasceram todos os filhotes ou se ficou algum, no ventre da cadela, para tomarmos as devidas providências.

ATENÇÃO

Se o primeiro filhote não nascer 3 a 4 horas, no máximo, após o início das contrações ou trabalhos de parto, algo de anormal está acontecendo e um médico veterinário deve ser consultado, imediatamente, para que sejam tomadas as medidas indicadas, como:

1. indução do parto, com resultados satisfatórios, até 12 horas após as contrações começarem;

2. intervenção obstétrica, para a extração dos fetos;

3. operação cesariana, para a retirada dos fetos, diretamente do útero e com uma pronta recuperação da cadela.

O PARTO

8.8. PROBLEMAS NO PARTO

Entre eles, destacamos:

1. a cadela não ajuda o nascimento do filhote, pois não faz força, durante os trabalhos de parto e, neste caso, devemos estimulá-la a contrair a barriga;
2. ela fica cansada, exausta ou sonolenta, porque teve um parto demorado ou muito difícil e deve ser animada e estimulada, tomando um café com açúcar ou um estimulante;
3. quando ela não retirar o filhote, da bolsa d'água ou não cortar o seu cordão umbilical, o seu assistente deve fazê-lo, imediatamente. Além disso deve, depois, virar o filhote de cabeça para baixo e lhe fazer massagens ou esfregar, até que ele comece a respirar;
4. limpá-lo com um pano bem seco ou uma toalha;
5. colocá-lo na cadela, para ser amamentado.

Algumas complicações podem surgir durante o parto, e, entre elas, temos:

1. a cadela sofre muito;
2. apresentações anormais de fetos, como a de um só membro;
3. bacia da cadela muito estreita, principalmente em raças de cabeça grande;
4. filhotes nascendo com muita dificuldade;
5. espaços muito grandes entre os nascimentos dos filhotes;
6. número muito pequeno de filhotes nascidos, em relação ao "tamanho" da barriga da cadela;
7. a placenta não é expelida, apesar de não nascer um filhote há bastante tempo;
8. hipertrofia fetal, ou seja, fetos muito grandes;
9. casos teratológicos ou de monstruosidades, como fetos de 2 cabeças (bicéfalos), etc.;
10. excesso de fetos (mais de 10).

Em todos os casos mencionados, o melhor é chamar um médico veterinário para que ele tome as medidas indicadas como aplicar hormônios para induzir o parto; praticar uma operação cesariana, para extração de fetos; uma embriotomia, com o sacrifício dos fetos e a sua retirada; uma histerectomia ou extração total do útero, salvando os filhotes, quando a intervenção for feita ainda os encontrando vivos.

8.9. PLACENTA

Terminado o parto, com o nascimento de todos os filhotes, as contrações recomeçam 15 minutos depois, para a expulsão da placenta. Quando isso não ocorrer, a sua extração deve ser providenciada, imediatamente, porque a sua retenção pode provocar sérias infecções uterinas e até tornar a cadela estéril. Se, após o parto, ela ficar com febre, geralmente é um sintoma de infecção causada pela retenção da placenta ou de outros resíduos do parto.

8.10. CUIDADOS DA CADELA

Assim que cada filhote nasce, a cadela, imediatamente, e com os dentes, rasga a bolsa d'água na qual ele nasceu, retira-o dela, corta o seu cordão umbilical e depois o lambe, com firmeza, para limpá-lo, secá-lo e para ativar a sua respiração e a sua circulação sangüínea. Depois disso, delicadamente e com todo o cuidado, a cadela puxa o filhote, com o focinho, para as suas tetas, para que ele as encontre mais facilmente, e comece a mamar.

A sua primeira mamada é muito importante, não só como alimentação, mas também, e principalmente, porque o primeiro leite da cadela contém o colostro, que é muito rico em vitaminas, sais minerais e, principalmente em anticorpos específicos contra diversas doenças, protegendo os filhotes.

Existem cadelas, principalmente quando são nervosas ou de 1ª cria, que demoram para retirar os filhotes da bolsa d'água e para cortar o seu cordão umbilical. Quando isso ocorrer, a pessoa que a está assistindo deve:

1. abrir, imediatamente, a bolsa d'água e retirar dela os filhotes, para que eles possam respirar livremente;
2. limpar, desobstruindo, as suas narinas;
3. enxugá-los bem, da cabeça até a região caudal;
4. cortar o seu cordão umbilical e amarrá-lo, quando for necessário; e
5. colocá-los junto às tetas da cadela, para a sua primeira mamada. Normalmente, a cadela lambe a barriga e a púbis dos cãezinhos, como estímulo para que eles urinem e defequem após mamarem. Pelo mesmo motivo, o criador deve fazer massagens na barriga dos filhotes órfãos, até eles abrirem os olhos e começarem a andar.

8.11. COMO ABRIR A BOLSA D'ÁGUA

Logo que o filhote nasce, a cadela, com os dentes, rasga a bolsa d'água na qual ele nasceu e o retira de dentro dela, para que ele possa respirar livremente. Quando, no entanto, ela não o faz, o seu acompanhante deve fazê-lo, imediatamente, com uma tesoura ou até com os dedos, para que o filhote não fique sufocado, e o retira dela, para que ele respire à vontade.

8.12. CORTANDO O CORDÃO UMBILICAL

A função do cordão umbilical é a de levar o sangue arterial, da cadela para o feto, fornecendo-lhe oxigênio e todos os alimentos de que necessita, bem como medicamentos, vacinas e soros que lhe são aplicados, e a de trazer o sangue venoso, do feto para a cadela. Sua ligação é, de um lado, na placenta da cadela e do outro, no umbigo do feto e perde a sua função assim que o filhote nasce, porque ele começa a respirar diretamente o ar atmosférico e a se alimentar nas mamas da cadela. O cordão umbilical deve ser cortado, imediatamente após o nascimento do filhote, para separá-lo da cadela, para que ele possa viver livremente.

O corte do cordão umbilical deve ser feito, como se segue:

1. desinfetar bem, toda a região do umbigo e do cordão umbilical, antes e depois da operação;
2. espremer o cordão umbilical, com os dedos, no sentido da cadela para o filhote, para que todo o sangue existente, passe para ele;
3. amarrar o cordão umbilical, com um fio esterilizado ou desinfetado, e depois cortá-lo a uns 3 ou 4 cm de distância do umbigo; e
4. deixar a placenta e o cordão umbilical, no ninho, para a cadela os comer, o que lhe faz muito bem pois, além de alimento, ela é rica em anticorpos específicos contra várias doenças.

8.13. NÚMERO DE FILHOTES

Embora um cão, em uma só cobertura, possa ejacular mais de 600.000 espermatozóides, na vagina da cadela, durante uma só cobertura, dela depende o número de filhotes que nascem em um só parto.

O tamanho da ninhada depende mais da fêmea do que do macho, porque:

1. é do número de óvulos produzidos e maduros nos ovários;
2. do número de ovos, ou seja, de óvulos fecundados; e
3. do número de ovos que não completam o seu desenvolvimento, que depende o número de filhotes.

Podem, também, concorrer para o número de filhotes nascidos, entre outras, as seguintes causas: número de óvulos fertilizados; número de ovos que não se fixam no útero, ou seja, não há a sua nidação, que é o início da gestação; número de ovos mortos no útero, após a nidação; número de embriões mortos; número de fetos que não se desenvolvem ou que são abortados e de fetos que morrem no útero, apesar de já estarem em condições de nascerem e de sobreviverem, ou seja, já eram viáveis.

Existem produtos especiais que, por aumentarem a ovulação e concorrerem para a maturação de um maior número de óvulos, aumentam a fecundação e a prolificidade das cadelas, aumentando o seu número de filhotes, por parto. Esse mesmo resultado pode ser obtido se a cobertura for realizada no período mais favorável da ovulação, além de o acasalamento ser repetido 2 ou 3 vezes, nesse mesmo período, permitindo a fecundação de um maior número de óvulos, porque eles não se soltam dos ovários, todos ao mesmo tempo.

8.14. PÓS PARTO E CUIDADOS

Os primeiros cuidados a serem tomados, após terminado o parto, devem ser:

1. verificar se todos os filhotes estão livres, fora da bolsa d'água;
2. se os seus cordões umbilicais foram cortados e não estão com sangramentos;
3. se foram lambidos pela cadela, para limpá-los e ativar a sua respiração e a sua circulação sangüínea;
4. se a cadela está bem, não apresentando nenhum problema;
5. se ela está produzindo bastante leite e em quantidade suficiente para amamentar todos os seus filhotes;
6. se suas tetas e mamas estão normais, sem inflamação, inchação, machucados ou ferimentos, que podem provocar dores, às vezes fortes, dificultando ou impedindo os filhotes de mamarem, o que

os iria prejudicar muito, porque o primeiro leite, após o parto, possui o colostro, importante para os recém-nascidos, por seu valor nutritivo, por ter um efeito laxativo suave, eliminando do seu intestino, o mecônio, que é uma pasta amarela, nele acumulada, e que o enche durante a sua vida fetal. O colostro é importante, também, como o seu alimento mais completo e que possui anticorpos específicos, protegendo-os de diversas doenças;

7. fazer a cadela sair do ninho, mesmo que seja por pouco tempo, para ela fazer as suas necessidades;
8. se for preciso dar um banho na cadela, devemos usar água morna e sabão e depois secá-la bem, com uma toalha, de preferência felpuda;
9. quando a cadela não estiver no ninho, devemos aproveitar para limpá-lo e desinfetá-lo bem, trocando a sua forração quando necessário;
10. depois, levar a cadela, para o ninho, para que fique calma, quieta e descansada, para amamentar os seus filhotes.

Muito importante, também, é verificarmos o número de filhotes que nasceram e o dos que podem ficar com a cadela, para não deixarmos que ela fique com uma ninhada muito grande.

8.15. SEXO DOS FILHOTES

Devemos verificar, rigorosamente, o sexo de todos os filhotes recém-nascidos, o que é bastante fácil, mas muito importante, para que o seu destino seja programado, com segurança. Para isso, seguramos o filhote com a barriga para cima e examinamos os seus órgãos genitais. A fêmea tem, em baixo da cauda, um orifício redondo, que é o ânus e logo abaixo dele, uma fenda, que é a sua vulva, em geral, um pouco saliente, devido aos lábios vulvares.

O macho possui, logo abaixo da cauda, um orifício redondo, que é o seu **ânus**, e um "cordão" saliente, saindo da parte de trás da barriga e terminando mais saliente e com um **orifício redondo**, pelo qual sai o **pênis**. Na parte posterior do macho encontramos, também, a **bolsa escrotal**, para a qual, mais tarde, descerão os **dois testículos**.

É necessário verificar, também, se os filhotes não possuem uma **hérnia umbilical**, relativamente comum em filhotes recém-nascidos.

8.16. APÓS O PARTO

Terminado o parto e após fazer a sua higiene, a cadela deve ser bem alimentada, recebendo alimentos sadios, frescos, bem equilibrados e ricos em proteínas, vitaminas e sais minerais, como leite, ovos, carne, peixe, queijo, etc. O melhor, porém, é dar-lhe uma ração balanceada especial e de boa marca.

Como a cadela, nos primeiros dias após o parto, não sai do ninho, para não se separar dos filhotes, devemos puxá-la à força, para fora dele, usando a guia presa à sua coleira, e a levando para um lugar em que possa fazer as suas necessidades. Depois, é só soltá-la, para que ela vá correndo, para o seu ninho.

As fezes da cadela, nos primeiros dias após o parto, normalmente, ficam pastosas, escuras, avermelhadas e até com sangue, porque ela, terminado o parto, ingere a placenta e todas as outras matérias fetais dele provenientes e que contêm muito sangue.

8.17. ECLÂMPSIA

É um distúrbio muito grave, que pode se apresentar nas cadelas em gestação, durante os trabalhos de parto e depois do parto, podendo causar a sua morte.

Seus sintomas são cansaço, excitação muito acentuada, convulsões e febre. Como se trata de um problema muito grave, a cadela com eclâmpsia deve receber os socorros médicos, o mais rapidamente possível.

8.18. TEMPERATURA DOS FILHOTES

Deve ser medida por via retal sendo, para isso, utilizado um termômetro comum. Ela varia de acordo com diversos fatores como a idade dos filhotes, como podemos verificar pela tabela a seguir:

IDADE	TEMPERATURA (GRAUS C)
1 semana	35 a 37,2
2 a 3 semanas	37,2 a 37,8
4 semanas	37,5 a 39

Angels in Fire Atika
3 anos de idade
Criador: Alexandre Von J. Murad
Piçarras - SC

Maldock (Dock) VJ
3 anos de idade
Criador: Alexandre Von J. Murad
Piçarras - SC

Capítulo IX
Os Filhotes

9.1. PRIMEIROS CUIDADOS

Depois que os filhotes recém-nascidos já foram cuidados, estão acomodados e a cadela já comeu a placenta, devemos agir da seguinte maneira:

1. verificar quantos filhotes machos e fêmeas e o seu número total, para um controle geral e para saber se todos eles poderão ficar com a cadela;
2. só deixar com a cadela, de 6 a 8 filhotes, no máximo;
3. os excedentes deverão ser alimentados na mamadeira ou passados para outra cadela amamentá-los;
4. examinar todos os filhotes, para verificar se são sadios e normais;
5. filhotes com problemas de saúde, devem ser levados para exames, a um médico veterinário, para serem recuperados.

Os filhotes nascem com pêlos, de olhos fechados, surdos e sem dentes, mas com um tato muito desenvolvido, o que torna bem mais fácil, a procura das tetas da cadela, para mamarem. Sua cauda deve ser amputada, quando eles estão com 3 dias de idade.

Principalmente na sua primeira semana de vida, a cadela cuida dos seus filhotes com muito cuidado e todo o carinho. Ela os lambe e os encosta em seu corpo, para aquecê-los e para que possam mamar com maior facilidade.

Os cãezinhos começam a abrir os olhos quando estão com 10 a 12 dias de idade e passam a enxergar, normalmente, com 12 a 15 dias. A sua maturação motora e sensorial ocorre, também, nessa época, e eles ficam de pé, mas só com 21 dias é que eles andam e acompanham a cadela. Os seus canais auditivos se abrem dos 13 aos 15 dias de idade e eles começam a ouvir, normalmente. Eles dormem 90% do tempo, nas suas primeiras semanas de vida e apresentam contrações musculares durante o sono.

Para termos um bom relacionamento com os filhotes, devemos manter com eles, o maior contato possível, desde que sejam muito bem tratados e que não sejam incomodados ou molestados.

9.2. SELEÇÃO DOS FILHOTES

Terminado o parto, devemos examinar todos os filhotes, para verificarmos se algum deles nasceu morto, se morreu logo depois de nascer, ou se é fraco, raquítico, doente ou se apresenta alguma lesão ou defeito, para que, se for necessário, seja levado a um médico veterinário. Outro cuidado, é não retirar da cadela, todos os filhotes, ao mesmo tempo, porque ela pode ficar traumatizada, sofrendo danos psíquicos ou físicos, graves e irreparáveis, entre os quais: desesperada, a cadela fica procurando os seus filhotes e pára de se alimentar, o que pode prejudicar a sua saúde porque, estando em lactação, o seu leite pode "empedrar", provocando inflamações nas mamas, abcessos mamários e outros problemas, sempre fazendo a cadela sofrer muito. Pode surgir, também, a febre do leite, bem como outras complicações graves, por desequilíbrios hormonais como eclâmpsia, convulsões, etc.

Quando for realmente necessário retirar todos os filhotes da cadela, ao mesmo tempo, isso deve ser feito o mais rapidamente possível, porque, sendo dela separados logo após o seu nascimento, ela não sofre, porque não sente a sua falta. O melhor, porém, é deixar os filhotes com a cadela.

9.3. FILHOTES COM A CADELA

Embora possa ser uma grande produtora de leite, muitas vezes a cadela não consegue alimentar todos os seus filhotes, quando a ninhada é muito grande. Quando for necessário, portanto, devemos deixar com a cadela, no máximo, de 6 a 8 filhotes, passando os excedentes para outras cadelas que tenham, de preferência, filhotes nascidos no mesmo dia dos que ela vai adotar, para que eles mamem o colostro e para que sejam mais ou menos do mesmo tamanho dos filhos da cadela que vai alimentá-los. Os filhotes excedentes e os órfãos, podem ser criados, também em mamadeiras.

É preciso tomar muito cuidado ao apresentar os filhotes à sua futura ama-de-leite, para evitar que ela os ataque. Quando, porém, ela os lamber, significa que os aceitou para criar, como seus filhos.

9.4. ÓRFÃOS

Se uma cadela morrer durante os trabalhos de parto ou logo após ele terminar, o criador tem que começar a alimentar, imediatamente, os filhotes que ela deixou e tem apenas duas alternativas:

1ª) em uma cadela, cujos filhotes hajam nascidos, de preferência, no mesmo dia em que os órfãos. Como se trata, porém, de um caso de emergência, pode ser aproveitada, para essa amamentação, qualquer cadela que produza uma quantidade de leite suficiente para todos os filhotes que ficarem com ela. Essa, não há dúvida, é a solução mais prática, mais lógica e a que exige menos trabalho do criador, pois a cadela, além de alimentar esses cãezinhos, os cria, educa e lhes trata com toda atenção, carinho e amor, como se fossem, realmente, seus filhos de sangue; e

2ª) alimentar os órfãos, na mamadeira, como pode ser verificado no Capítulo X – Lactação e Desmama.

Na sua 1ª semana de vida, os filhotes devem ser alimentados de 2 em 2 horas. Da 2ª semana, em diante, os alimentos devem ser dados de 3 em 3 horas, além de, diariamente, 1 medida de óleo de fígado de bacalhau, por via oral. É nessa época que eles começam a aprender a comer sozinhos.

9.5. OUTROS CUIDADOS

Nessa idade, os filhotes sentem muito frio, sendo ele uma das maiores causas da mortalidade entre os cãezinhos. Por esse motivo, eles devem dispor de um ninho que lhes ofereça um bom abrigo, que seja bastante confortável e quente, inclusive com um aquecimento artificial, se necessário. Em ambientes fechados, porém, eles ficam muito mais abrigados e protegidos do frio, dos ventos e das chuvas.

Para estimular o filhote a urinar e a defecar, a cadela faz nele massagens leves e ligeiras, lambendo a sua barriga. O criador, com o mesmo objetivo, deve massagear a barriga do filhote, com as mãos.

Para evitar problemas sanitários, é necessário que seja mantida a maior higiene possível, no ninho e nos filhotes.

9.6. ESPORÃO

Também denominado unha de lobo e ergot, é um dedo extra, rudimentar, que não tem função, mas que pode nascer em alguns cães. Não tem nenhuma ligação com o esqueleto do animal, ficando ligado ao membro, apenas por músculos. Deve ser extirpado, por uma operação fácil e bem simples, no 3º ou no 4º dia de vida do filhote.

9.7. SAÚDE

Quando um filhote tem apetite, está alegre, anda e corre satisfeito, é um sinal de que está gozando de boa saúde. Se, no entanto, um cão de qualquer idade, perder o apetite e tiver diarréias, vômitos e febre, atingindo sua temperatura, 39,1°C, o seu caso é grave. Se a sua febre chegar a 39,4°C, significa que ele está com um problema de saúde que pode ser muito sério, devendo ser levado, imediatamente, a um médico veterinário.

Angels in Fire Atika – 3 anos de idade
Criador: Alexandre Von J. Murad – Piçarras - SC

Capítulo X
Lactação e Desmama

10.1. LACTAÇÃO

Os cães são animais mamíferos, porque até certa idade, só se alimentam com o leite materno. Portanto, a vida, a qualidade, a saúde, a precocidade e o desenvolvimento dos cãezinhos dependem da quantidade e da qualidade do leite da cadela. Para amamentar os seus filhotes, a cadela possui 8 a 10 mamas e se deita de lado, facilitando assim, as sua mamadas. O leite é produzido pelas suas glândulas mamárias, que entram em atividade pelo estímulo do parto, para que os filhotes possam ser alimentados logo após o seu nascimento.

10.1.1. Período

O período de lactação começa logo após o nascimento do filhote, quando ele faz a sua 1ª mamada e termina com a desmama, quando a cadela não mais o deixa mamar. Enquanto o filhote só se alimenta com leite e antes de ingerir outros alimentos, exceto respirar, todas as suas funções orgânicas dependem da cadela, como ocorria quando eles ainda eram fetos, na sua vida intra-uterina.

10.1.2. Volume do Leite

A quantidade de leite produzido pelas cadelas varia muito, pois algumas produzem uma pequena quantidade, enquanto outras são ótimas produtoras. Vários são os fatores que influem na sua produção de leite, como, por exemplo: sua capacidade leiteira, que é genética; alimentação; saúde; estresse; condições ambientais como umidade e temperatura; instalações, etc.

As cadelas de primeira cria, ou seja, na sua primeira lactação, geralmente produzem menor quantidade de leite do que nas lactações posteriores.

10.1.3. Qualidade e Composição

A produção e a qualidade do leite da cadela variam, de acordo com diversos fatores, entre os quais: saúde; estados físico e psíquico; alimentação adequada; número de filhotes; manejo; etc.

As cadelas devem receber alimentos sadios, frescos, limpos, nutritivos, equilibrados, contendo todos os elementos nutritivos de que necessitam para suprir a sua produção leiteira e para compensar o grande desgaste físico a que se submetem, provocados por uma gestação e uma lactação sucessivas, principalmente quando a sua ninhada é numerosa.

A composição do leite da cadela, é a seguinte: proteínas - 7,40%; cálcio - 0,45%; fósforo - 0,51%; cinzas - 1,33%. É um leite muito rico e nutritivo, bastando mencionar que os filhotes, que só se alimentam com ele, em apenas 9 dias, dobram o peso que tinham ao nascer.

Durante o período de lactação, as cadelas devem receber água fresca e limpa, à vontade e de 3 a 5 refeições por dia.

10.1.4. Primeiro Leite e Colostro

Com o estímulo do parto, as glândulas mamárias entram em funcionamento, produzindo o primeiro leite, diferente do normal, porque contém o colostro, que é rico em proteínas, sais minerais, vitaminas e anticorpos contra várias doenças. Ele possui, também, um efeito laxativo, fazendo com que os filhotes recém-nascidos evacuem o mecônio, ou seja, a massa amarela que "enche" os seus intestinos durante a sua vida intra-uterina e que deve ser expelido, depois que nascem.

10.1.5. Mamadas

Os filhotes, nos seus primeiros dias de vida, devem ser amamentados de 3 em 3, o que representa 8 mamadas por dia e 240 por mês, sacrificando bastante, a cadela, durante o seu período de amamentação.

Cherokee Arklon Africaner's
Fêmea com a ninhada
Canil Pit Bull Asteca

10.1.6. Período de Lactação

Geralmente, sua duração é de 45 dias, mas a cadela deve produzir leite, pelo menos, durante 30 a 35 dias, e em quantidades suficientes para alimentar os seus filhotes. Desde a 1ª mamada, porém, devemos verificar se os cãezinhos estão sendo bem alimentados ou se o leite produzido não é suficiente para alimentá-los pois, neste caso, devemos suplementar a sua alimentação, dando-lhes mamadeiras. Quando a ninhada for numerosa, podemos passar parte dos filhotes para outra cadela, para que ela os crie.

Os próprios filhotes reclamam quando estão sendo mal alimentados ou até passando fome, pois começam a "chorar". Devemos evitar que isso aconteça, principalmente nos seus 3 primeiros dias de vida, porque esse período é muito importante, pois é nele que os filhotes ingerem o colostro. É necessário, também, controlar a produção leiteira das cadelas, para que elas não abandonem os filhotes, deixando-os passar fome e até morrer. O filhote menor ou mais fraco, deve ser colocado para mamar, de 2 em 2 horas, para se alimentar bem e ter um desenvolvimento melhor, para poder competir com os seus irmãos, na hora de se alimentarem.

A produção de leite das cadelas pode diminuir, devido a uma série de motivos, entre os quais: falta de higiene; alimentação insuficiente ou de má qualidade; beber pouca água; número muito grande de filhotes; desmama precoce, etc.

Durante o seu período de lactação, as cadelas não devem ingerir vermífugos, desinfetantes, inseticidas, etc., porque eles passam para o seu leite, podendo intoxicar, envenenar ou até matar os filhotes que os ingerirem.

10.1.7. Lactação – Cuidados

Devemos examinar as mamas das cadelas, todos os dias, para verificarmos o seu estado, para tratá-las quando estiverem arranhadas, geralmente pelas unhas muito afiadas, dos filhotes, pois isso pode causar feridas, infecções e mamites, resultando, às vezes, na perda de mamas. Também os filhotes, com 10 a 15 dias de idade, por já possuírem dentinhos, quando mamam, podem provocar os mesmos problemas que as unhas.

Muitas vezes, devido a esses ferimentos, as cadelas sentem tanta dor, nas mamas, que relutam em deixar seus filhotes mamarem e até se recusam, mesmo, a amamentá-los. Devemos, por isso, aparar as unhas dos filhotes, desde a sua primeira semana de vida, mantendo-as, depois, sempre curtas. Devemos, também, tomar muito cuidado com os dentinhos dos filhotes pois, tendo as pontas muito finas, devem ser aparados, para evitar que provoquem as mesmas lesões que as unhas.

Quando as mamas ficam muito vermelhas, inchadas e endurecidas, o melhor é fazer massagens e aplicar compressas quentes, sobre elas, pois isso alivia a dor, às vezes muito forte, com muito sofrimento para a cadela e para diminuir a inchação e elas voltarem ao seu normal.

10.1.8. Alimentação Suplementar

Quando a ninhada é muito numerosa ou a cadela é má leiteira, produzindo leite insuficiente para os seus filhotes, devemos deixá-los mamar à vontade, para aliviar a cadela, e porque é uma boa ginástica funcional, para aumentar a sua produção de leite e melhorar a alimentação dos seus filhotes. Além disso, devemos suplementar a sua alimentação, dando-lhes 2, 3 ou mais mamadeiras, ao dia.

10.1.9. Mamadeiras

Como exemplo de uma boa mamadeira para os cãezinhos, temos: 1 litro de leite; 2 xícara das de chá, de leite em pó; 1 xícara das de chá, de creme de arroz; 1 ou 2 gemas de ovo; 1 colher das de sopa, de glicose; 1 colher das de sopa de um produto à base de cálcio e de fósforo, de uso via oral; 1 colher das de café, de geléia de mocotó ou de gelatina em pó; 1 colher das de sopa, de amido de milho.

A mamadeira é empregada, normalmente, quando o leite produzido pela cadela é insuficiente para alimentar os filhotes ou quando eles são separados de sua mãe ou ficam órfãos e não há outra cadela para amamentá-los. Eles já podem aprender a comer sozinhos, em um prato ou um comedouro, quando estão com 3 semanas de idade.

À medida que vão ficando mais velhos, crescendo e já comendo no prato, a sua mamadeira deve ser engrossada com maior quantidade de amido de milho, e o creme de arroz pode ser substituído por arroz cozido na água, e com temperos como cebola, alho, salsinha, etc. Quando estiverem com 30 a 35 dias de idade, os filhotes devem começar a comer carne crua bem picada ou moída, na sua alimentação. Para verificar se a carne está sendo dada aos cãezinhos, nas quantidades aconselháveis, basta examinar as suas fezes, diariamente. Quando nelas forem encontrados pedaços de carne, isso significa que eles ainda não a estão digerindo bem. Neste caso,

Chocola Arklon Canchin
Macho – Campeão – Grande Campeão – Campeão Panamericano
Canil Pit Bull Asteca & Gnatas

devemos diminuir a sua quantidade, por uns dias e depois aumentá-la, gradativamente. Nesta fase, eles devem começar a comer, também, legumes como cenoura ralada, além de continuar a receber vitaminas e sais minerais, diariamente, nas refeições.

Não devemos dar, para os cãezinhos comerem, porque lhes fazem mal, gorduras, salames, carne de porco, açúcar, doces, sorvetes, pão fresco, farináceos, frutas frescas, feijões, brócolis, ervilhas, etc.

Os filhotes desmamados devem receber 4 e depois 3 refeições ao dia, isto é, de 8 em 8 horas, enquanto que os adultos, 2 refeições ou somente 1 refeição ao dia. Seus alimentos devem ser sadios, frescos, variados e, de preferência, mornos.

10.2. DESMAMA

Normalmente, os filhotes mamam, à vontade, até 1 mês de idade, mais ou menos, porque, na sua 4ª semana de vida, a cadela já começa a controlá-los, não mais os deixando mamar com a mesma freqüência e, ao atingirem 1 mês de idade, ela passa a evitar, ao máximo, as suas mamadas, iniciando-se, assim, a sua desmama natural, começando os filhotes a se interessarem por outros alimentos e passando a comê-los normalmente. Nesse período, a cadela vomita os alimentos já digeridos por ela, para que os filhotes os comam, aprendendo, assim, a ingerir alimentos sólidos.

É a própria cadela, portanto, que nos ensina que os filhotes, com um pouco menos de 1 mês de idade, já podem ser alimentados com outros alimentos além do leite, para que a sua desmama ocorra gradativamente e para que eles não a sintam e sofram, quando são desmamados, separando-se da cadela.

Com mais ou menos 7 semanas de vida, eles passam a ser independentes, alimentando-se normalmente, e não mais dependendo da cadela. Os filhotes devem ser desmamados com 45 dias de idade.

Quando os filhotes são bem alimentados, têm os seus pesos ao nascer, duplicados em 9 dias e quadruplicados, em mais ou menos 3 semanas de vida.

Não devemos desmamar todos os filhotes, ao mesmo tempo, porque as mamas da cadela ficam muito cheias de leite e doem muito, causando-lhe grandes sofrimentos, inflamações, abcessos e até a perda de algumas tetas e mamas. O melhor seria os filhotes permanecerem com a cadela, até aos 3 meses de idade, embora não mamem mais. Normalmente, porém, eles são desmamados e dela separados, quando atingem os 45 dias de idade. Devemos levar em consideração, também, os fatores psicológicos, inclusive os afetivos pois, ao ser separada dos seus filhotes, a cadela fica estressada, angustiada e desesperada, sofrendo muito, o que lhe é prejudicial.

Os filhotes, quando atingem 8 semanas de idade, mesmo não apresentando magreza, barriga grande ou "esticada", fezes descoloridas ou até bolos de vermes, nas fezes, que são sintomas de verminoses, devem tomar um vermífugo, para combater uma possível infestação por vermes. Quando, porém, é diagnosticada uma verminose, nos cães, eles devem tomar vermífugos, antes mesmo de atingirem essa idade.

Como já mencionamos, cada filhote, ao desmamar, deve ter o seu próprio comedouro, porque isso apresenta algumas vantagens, como as que se seguem:

1. como aprenderam a comer somente no seu próprio comedouro ou prato, mais fácil se torna treiná-los para não comerem alimentos nos comedouros de outros cães; fora do seu prato; em qualquer lugar que os encontre; oferecidos por estranhos;
2. evita ou diminui a transmissão de doenças;
3. não há competição pela comida, como ocorre quando vários filhotes comem nos mesmos recipientes, porque os maiores e mais fortes comem mais, ficando os menores e mais fracos, sem uma alimentação suficiente para as suas necessidades orgânicas, o que prejudica a sua saúde e o seu desenvolvimento;
4. evita doenças a eles transmitidas por contato ou por alimentos estragados;
5. levando o seu prato, quando são vendidos, eles estranham menos, o seu novo lar e se alimentam melhor, porque "o seu prato" está ligado à sua idéia de comer.

Quando o filhote começa a choramingar, ficando agoniado e irritado, normalmente é porque está com fome ou com cólica (dor de barriga), provocada, na maioria dos casos, por verminoses intestinais.

10.3. ALIMENTOS PÓS-DESMAMA

O melhor método ou técnica para alimentar os filhotes desmamados, é alimentá-los com rações balanceadas comerciais, especiais para eles. Quando, porém, isso não for possível, por uma série de razões, podemos fornecer-lhes outro tipo de alimentação, caseira, que pode ser composta por leite de vaca ou de cabra, mingaus, sopas de legumes e arroz, com 1 colher das de chá, de carne crua moída ou picada, cuja quantidade deve ser aumentada até 1 xícara, 2 vezes ao dia, quando os filhotes atingirem 8 semanas de idade.

A ração balanceada, de boa marca é, não há dúvida, o melhor alimento para os cães de todas as idades. Quando, porém, for necessário, podemos alimentá-los, durante toda a sua vida, com comidas caseiras que são, também, bons alimentos para os cães. Entre elas, temos arroz cozido com sal, alguns temperos como alho, cebola, salsinha, orégano, etc. e carne crua moída ou bem picada e cenoura ralada, bem misturados. Devemos, também, dar aos filhotes, todos os dias, vitaminas e sais minerais.

As refeições para os filhotes devem ser fornecidas, sempre, no mesmo local, no mesmo horário e no mesmo comedouro ou em outra vasilha, colocados sobre um suporte, o que é melhor do que diretamente sobre o chão.

10.4. DAR LEITE NO PRATO

Alimentar os filhotes, na mamadeira é muito prático, pois, logo que eles sentem o seu bico, na boca, começam a mamar, como na teta da cadela. Para eles tomarem ou comerem mingaus ou outros alimentos, em comedouros ou pratos, é preciso ensinar-lhes, o que é fácil e deve ser feito da seguinte maneira:

1. colocar o leite em um prato fundo;
2. pegar uma colher pequena, "sujá-la" no leite e encostá-la na boca do cãozinho que, sentindo o cheiro do leite, começa a chupá-la e a lambê-la;
3. tornar a molhar a colher, no leite e, colocando o filhote junto ao prato, a encostar no seu focinho e na sua boca pois, sentindo o cheiro e o gosto do leite, ele começa a lambê-lo;
4. logo que começar a fazê-lo vamos, devagar, baixando a colher, até que a boca do cãozinho esbarre na superfície do leite, porque ele começa a lambê-lo;
5. se o filhote não lamber o leite, nessa primeira vez, repetir a tentativa, que ele o fará.

Podemos, também, fazer o filhote beber o leite, adotando o seguinte método:

1. lavamos e enxugamos bem, as mãos;
2. molhamos um dedo no leite do prato e damos para o filhote lambê-lo;

3. tornamos a molhar o dedo, no leite e, enquanto o cãozinho está lambendo, vamos baixando o dedo, até mergulhá-lo no leite pois, assim que o filhote o sentir, começa a lambê-lo, imediatamente e a bebê-lo. Apreendendo a beber leite, o filhote passa a beber e depois, a comer, qualquer alimento que esteja no seu prato.

10.5. BAIAS PARA ALIMENTAÇÃO

Cada filhote deve ter o seu próprio prato, pois não deve comer, nunca, nos pratos de outros cães, o que só é possível conseguir, se ele for treinado para usar, somente o seu prato. Esse treinamento exige muito trabalho. Para economizar tempo e trabalho e para facilitar esse treinamento, podemos utilizar as baias, que são pequenos compartimentos, um ao lado do outro, em série. Em cada um deles é colocado um cãozinho, além do seu prato, que fica sobre um suporte e não sobre o chão. As separações entre as baias podem ser de madeira, ripas, grade, tela, plástico ou de qualquer outro material que permita cada filhote ver os seus vizinhos, mas sem poder alcançá-los e aos pratos nos quais eles comem.

Quando é adotado este método das baias, em pouco tempo os filhotes se acostumam a comer somente no seu prato ou comedouro e, mesmo estando livres, fora da baia, não tentam comer a comida dos outros cães, alimentos encontrados por eles em qualquer lugar ou os oferecidos por estranhos.

As baias podem ser utilizadas, não só por filhotes, mas também por cães de qualquer idade, jovens ou adultos, raça ou porte, porque o seu tamanho pode variar de acordo com os cães que vai receber. Bicos automáticos e mamadeiras podem ser instalados nas baias, para o fornecimento de água, mamadeiras para alimentar os filhotes ou comedouros para fornecimento de rações ou de outros alimentos.

10.6. SURDEZ

Todos os filhotes, quando nascem, mesmo que sejam sadios e normais, não escutam os sons. Alguns dias depois, no entanto, passam a escutar, normalmente. Em uma ninhada, porém, embora não ocorra com freqüência, podem nascer filhotes realmente surdos, total ou parcialmente, e que, por isso, não ouvem os sons normais como os chamados do seu dono, gritos, barulhos de carros, batidas de portas, etc. Esses filhotes deficientes auditivos são, sempre, os últimos a saírem do ninho, para se alimentarem, e só o fazem, porque acompanham os que começam a sair, na sua frente.

Angels in Fire Atika
3 anos de idade
Criador: Alexandre Von J. Murad
Piçarras - SC

Acompanhando com atenção, o modo de agir dos filhotes, principalmente dos últimos a saírem do ninho, poderemos notar um sintoma típico de surdez, que é o fato de eles não fazerem um movimento que é instintivo, nos cães normais que, mesmo ainda filhotes, levantam a cabeça, imediatamente, quando ouvem algum chamado ou algum som estranho ou inesperado e olham na direção desse som ou barulho, para identificá-lo.

Quando um filhote é suspeito de surdez, deve fazer um teste para avaliar a sua capacidade auditiva, o que é muito simples e fácil, pois basta chamar o filhote, assobiar, gritar, bater com um objeto em uma vasilha, uma lata, etc., mas que emitam sons diferentes. São as reações do filhote a esses sons ou estímulos, que permitem verificar se ele é normal ou surdo e qual o grau da sua surdez.

Devemos descartar um cão surdo, principalmente quando é de uma raça para guarda, pois não estaria capacitado para a sua função.

10.7. CUIDADOS COM AS UNHAS

As unhas dos filhotes devem ser aparadas, pela 1ª vez, quando eles estão com mais ou menos 1 semana de idade, porque eles começam a se movimentar e a andar uns sobre os outros e sobre a cadela, o que a irrita, deixando também irritados os próprios filhotes, porque podem arranhá-los e feri-los, causando-lhes dores, às vezes fortes, inflamações, infecções, abcessos, etc. Esse problema, para a cadela, pode ser muito mais sério, porque as unhas dos filhotes são grandes, compridas, pontuadas, afiadas e numerosas, podendo causar ferimentos, às vezes graves, inflamações, infecções, mamites e outras complicações mais ou menos graves, que podem causar a sua perda, afetando a sua produção de leite.

Como as lesões nas suas mamas as tornam muito doloridas e fazem a cadela sentir muitas dores, quando os filhotes mamam, porque eles, além de sugá-las, as esticam, as cutucam com o focinho e com as patas, dão pancadas sobre elas, e as arranham com as unhas ela, para não sentir dores e evitar sofrimentos, não deixa os filhotes mamarem. Por esses motivos, devemos cortar as unhas dos filhotes, uma vez por semana, usando uma tesoura bem afiada ou um alicate especial para unhas, mas não curtas demais, para não atingir "o sangue", como é conhecida a parte da unha que possui artérias, veias e nervos, porque provocaria dores, sangramentos e mesmo, infecções.

Quando os filhotes começam a sair do ninho e a circular sobre o solo ou superfícies ásperas, as suas unhas sofrem um desgaste maior, não crescem muito e se mantêm lisas, curtas e sem pontas agudas, como pode ser comprovado nos cães que andam livres, soltos, em canis e em instalações cimentadas.

10.8. "BANHEIRO" PARA FILHOTES

Normalmente, os filhotes evacuam logo após as refeições, facilitando, assim, a higiene do local em que vivem, na casa do seu dono, no quintal ou em um canil. É necessário, no entanto, que lhes seja destinado um local especial, para que nele façam as suas necessidades. Esse "banheiro" pode ser o próprio piso, forrado com jornais ou papéis ou um tabuleiro com jornais, papéis ou uma camada de areia, no fundo e que deve ficar bem próximo do ninho ou do local em que os cãezinhos são alimentados.

Para que não defequem e urinem em qualquer lugar, devem ser levados ao "banheiro", assim que terminam a refeição, pois os filhotes a isso se acostumam e, em pouco tempo, passam a ir sozinhos, a esse local, o que é muito importante para que seja mantida uma boa higiene nas instalações.

Defecar é um ato fisiológico normal que, nos cães, ocorre regularmente, logo após as refeições, produzido pelo funcionamento dos seus intestinos, quando são estimulados pela entrada dos alimentos, no seu estômago.

Embora continuem sendo feitas normalmente, depois das refeições, quando os filhotes vão ficando mais velhos, as suas evacuações, também, vão se tornando mais espaçadas. Como os cães adultos se alimentam somente 1 ou 2 vezes ao dia, isso facilita, muito, a limpeza do local em que vivem ou o trabalho para levá-los a locais em que possam fazer as suas necessidades. O mais interessante, porém, é manter, no apartamento, na casa ou no canil, um banheiro para os filhotes e, também, para os cães adultos.

Cherokee Arklon Africaner's
Fêmea com a ninhada
Canil Pit Bull Asteca

Capítulo XI
O Crescimento

11.1. PERÍODO DE CRESCIMENTO

Com 45 a 60 dias de idade, mais ou menos, ou logo após a desmama, o filhote deve ser submetido a um exame geral, por um médico veterinário, que lhe receitará um vermífugo e as vacinas para imunizá-lo contra algumas doenças.

O período de crescimento é de grande importância para a vida, os desenvolvimentos físico e psíquico e o futuro do filhote, além de ser, também, o que causa maiores preocupações a seu dono porque, antes de ser desmamado, a própria cadela o protegia e dele cuidava, pois o alimentava com o seu leite que, sem dúvida alguma, é o mais completo e melhor alimento para ele, nesse período da sua vida, além de o proteger contra diversas doenças; cuidava de sua higiene e lhe dava todo o carinho e amor de que carecia. Quando o filhote desmama, no entanto, todos esses serviços passam para o seu dono, que se torna o responsável por ele, devendo dele cuidar e manejá-lo, tratá-lo, protegê-lo e tratá-lo de doenças, além de, o que é muito importante, dar-lhe o carinho e o amor de que tanto necessita e que deixa de receber da cadela.

Importante, também, é que o cãozinho receba um bom treinamento, para que cresça obediente e educado, o que pode evitar sérios problemas, principalmente quando se trata de cão de guarda, quando ataca sem necessidade.

O período de crescimento do filhote vai da desmama até ele atingir a fase adulta. É de grande importância, também, porque é nessa fase que se completa a calcificação dos seus ossos quando ele está com 10 a 12 meses de idade.

Geralmente, durante esse período, o cão multiplica de 3 a 6 vezes o seu peso.

11.2. SAÚDE E DESENVOLVIMENTO

Para controlarmos a saúde, o crescimento e o desenvolvimento dos filhotes, o melhor método é a sua pesagem periódica, pois, quando não aumentam de peso ou ele é muito pequeno, pode significar, por exemplo, deficiências de alimentação, em quantidade, qualidade ou composição; uma verminose ou outro problema de saúde, etc. Além disso, o controle de peso permite fazer uma boa avaliação sobre a uniformidade de crescimento da ninhada. Ele possibilita, também, avaliar a capacidade leiteira da cadela, desde o primeiro dia de vida dos filhotes para que, quando necessário, a sua alimentação seja suplementada com mamadeiras, satisfazendo as necessidades dos filhotes, para que o seu crescimento e o seu desenvolvimento não sejam prejudicados. Uma alimentação inadequada ou deficiente pode contribuir também, para o aparecimento de doenças da nutrição ou se tornar uma causa predisponente de diversas doenças.

11.3. CUSTO DE PRODUÇÃO

O criador, para produzir, criar e sustentar o filhote, até à sua venda, tem, além do trabalho, uma série de despesas que compõem o preço de custo do filhote, relativamente elevado, porque é composto por muitas despesas, como: valor ou preço de aquisição de uma cadela para a reprodução; compra ou aluguel de um padreador para fazer o seu acasalamento; manejo e manutenção do macho, da fêmea e do filhote, até à sua venda; despesas com a reprodução, entre as quais, instalações, alimentos e medicamentos especiais, assistência veterinária, etc.; anúncios de vendas; transporte e entrega dos filhotes, etc. Essas despesas podem variar muito, em seus valores, de acordo com uma série de fatores como o local da criação; seu nível zootécnico; o poder aquisitivo e nível dos compradores; facilidade ou dificuldade para a comercialização ou venda dos cães, etc.

Capítulo XII
A Velhice

Os cães "velhos", a partir dos 10 anos de idade, vão perdendo a vitalidade e a resistência, ficam "moles", sem ânimo e passam a dormir durante mais tempo, não só à noite, mas também durante o dia. Vão modificando os seus hábitos alimentares, muitas vezes desprezando os alimentos de sua preferência e os trocando por outros bem diferentes.

Ocorre que, às vezes, eles começam a ingerir fezes, o que é uma aberração do apetite, ou não param de lamber uma determinada parte do seu corpo ou dos seus membros, ferindo-os até sangrar. Eles chegam a mordê-los, até causarem ferimentos graves e mutilações.

A velhice, em geral, provoca diversas outras alterações no comportamento desses animais, entre as quais temos:

1. embranquecimento dos pêlos;
2. olhar mortiço e olhos esbranquiçados, às vezes, uma catarata;
3. comportamentos repetitivos, como latir sem parar e sem nenhuma razão aparente, para isso. O seu latido é lento, rouco e monótono, sendo para eles, uma forma de chamar a atenção, pois eles se sentem muito carentes. O seu dono, quando notar esse estado de espírito, do seu cão, deve falar com ele, acariciá-lo, elogiá-lo, fazê-lo parar de latir e até dar-lhe uma guloseima;
4. ele se conserva em uma posição defensiva, como a proteger o que é seu, como o seu ninho; a sua cama ou o local em que vive ou se encontra; o seu comedouro ou prato; os seus alimentos, etc.

Esses cães, muitas vezes, até perdem a paciência e o controle, tornando-se agressivos e violentos, atacando as pessoas ou têm um comportamento totalmente diferente, delas se afastam e indo para um canto, no qual permanecem quietos. Eles ficam, realmente, rabugentos.

Como, nesse período, há, ainda, uma deteriorização da sua capacidade mental, pode ocorrer uma perda de reflexos condicionados, podendo o seu comportamento se alterar bastante, e eles podem passar a fazer coisas que antes não faziam e a deixar de fazer outras, com as quais já estavam acostumados. Eles podem até, ficar desobedientes.

Quando esses cães idosos ficam em casa, sozinhos, eles se sentem solitários, abandonados, desprezados, angustiados, e com uma grande ansiedade, denominada "ansiedade da separação". Para se distrair, passam a brincar com os móveis e os objetos que encontram ao seu redor e, como conseqüência desse seu estado de espírito, os vão arranhando, estragando ou até os destruindo com os dentes e com as unhas.

Os cães, vítimas de ansiedade, podem ter o apetite aumentado, passando a comer muito mais do que normalmente, ficando muito gordos e até obesos. Para evitar ou diminuir essa sua ansiedade, quando se sentem sós, podemos ligar um aparelho de som, um rádio ou até um relógio, com o seu tic-tac, para os distrair.

Outro recurso para acalmá-los e fazer com que não se sintam abandonados, é dar-lhes, como companhia, um boneco ou um cãozinho de pelúcia, desde que natural, com os quais passam, também, a brincar, a se divertir e a se distrair, passando o tempo.

Quando estiver fazendo muito frio, podemos colocar um saco de água quente, dentro do seu ninho, para aquecê-los melhor.

Capítulo XIII
Alimentação

13.1. GENERALIDADES

O organismo dos cães é formado por **proteínas**, que atuam na sua estrutura; **hidratos de carbono**, como fontes de energia; **sais minerais**, essenciais para os tecidos e para a formação do esqueleto e cujas funções são plásticas e reguladoras e **vitaminas**, que atuam em processos orgânicos essenciais. A alimentação, portanto, deve conter todos esses elementos mencionados, para satisfazer todas as suas necessidades de manutenção, de produção e para compensar os seus desgastes orgânicos.

Para todos os cães, os princípios básicos da alimentação são os mesmos. Ela, porém, varia, devido a uma série de fatores, entre os quais: tamanho e idade dos cães; condições ambientais; temperatura; exercícios ou trabalhos a que são submetidos, etc.

Embora sejam animais essencialmente carnívoros, não devemos alimentá-los somente com carne e nem lhes obrigar a se submeterem à alimentação humana.

13.2. RAÇÕES BALANCEADAS

A melhor e mais prática maneira de alimentar os cães é com rações balanceadas comerciais, porque são alimentos completos, de fácil manejo e de administração muito simples e, o que é muito importante, de fácil aquisição. Além disso, existem rações balanceadas especiais para cães de todas as categorias, raças, idades e também as especiais para filhotes, jovens, adultos, em crescimento, em reprodução, em lactação, etc.

A escolha da ração é muito importante. Devemos, em primeiro lugar, verificar o seu sabor, porque não adianta nada ela ter uma excelente composição, sendo a melhor possível, se os cães a recusarem, não a comendo, devido ao seu gosto.

Devemos levar em consideração, também, o seu preço, principalmente nas criações comerciais, para que possam dar lucros. O que custa menos, no entanto, nem sempre, é o mais barato pois, **o mais barato não é o que custa menos, mas o que produz os mesmos resultados, pelo menor preço**, ou seja, é necessário considerar o seu custo/benefício.

A alimentação dos cães deve ser a mais completa possível, contendo todos os elementos necessários, como hidratos de carbono, proteínas, sais minerais e vitaminas. Ela, porém, deve ser bem equilibrada, e para isso, esses elementos devem guardar uma certa proporção entre si, permitindo que os cães se desenvolvam e aumentem o seu peso vivo, além de compensar os seus desgastes orgânicos e manter a sua produção.

13.3. OUTROS ALIMENTOS

Além da ração balanceada, podemos dar-lhes carnes vermelhas e outras, de aves, peixes e de outros animais, inclusive de caças, leite, soro de leite, queijos, ovos, arroz, cereais, etc.

13.3.1. Carne

Como os cães são animais carnívoros, ela é o seu alimento natural. Carne, neste trabalho, se refere, não apenas aos músculos, mas ainda, a todas as vísceras como coração, fígado, rins, pulmões, conhecido popularmente como bofes e todas as outras partes comestíveis de bois, cavalos, cabras, carneiros, coelhos, aves, peixes, etc.

A carne lhes deve ser dada, de preferência crua, moída ou bem picada e representando 40 a 50% dos alimentos que os cães recebem diariamente, e conforme a natureza dos seus outros alimentos. Ela deve ser de animais sadios, fresca, limpa e livre de sujeiras e de contaminações. Quando houver dúvidas sobre o seu estado, ela deve ser ligeiramente cozida.

Quanto à carne de porco, deve ser bem cozida, para combater, principalmente os vermes e a sua transmissão aos cães. As carnes de pequenos animais como coelhos e as de aves, só devem ser dadas a eles, se forem desossadas, antes, porque os seus ossos são muito pequenos e fracos, quebrando-se com facilidade e causando engasgos, ferimentos e perfurações muitas vezes graves, no aparelho digestivo dos cães.

Para melhorar o seu pêlo, podemos administrar-lhes, também, um pouco de gordura da carne ou um óleo, como o de milho, por exemplo.

13.3.2. Farinha de Carne

Possui um elevado teor de proteínas, que atinge 70% ou mais. Ela entra em porcentagens elevadas, nas rações.

13.3.3. Peixe

Estraga-se com grande facilidade. É uma carne rica em proteínas, sais minerais e iodo. Quando está fresca, constitui um bom alimento para os cães, desde que todas as suas espinhas sejam dela retiradas, para que não provoquem engasgos ou causem perfurações no seu aparelho digestivo. Embora tenha o inconveniente de apresentar mau cheiro, a farinha de peixe, também, é bem aceita pelos cães e um bom alimento para eles.

13.3.4. Ovos

Bem aceitos pelos cães, crus ou cozidos, são um bom alimento para eles embora, muitas vezes, o ovo cru provoque diarréias. A clara crua, porém, é indigesta.

13.3.5. Leite

O produzido pela cadela é o mais completo e melhor alimento para os filhotes. Basta mencionar que, em apenas 9 dias de vida, os filhotes dobram o peso que possuíam ao nascerem. É somente o leite, também, que sustenta o filhote e mantém o seu desenvolvimento, até serem desmamados. Os filhotes, porém, devem receber uma alimentação suplementar, quando a cadela produz pouco leite ou a sua produção não é suficiente para alimentar todos os seus filhotes. Quando isso ocorrer, o leite da cadela deve ser substituído pelos leites de vaca ou de cabra, corrigidos, leite em pó ou condensado e até por queijo, embora este seja muito caro.

13.3.6. Cereais

Arroz, milho e aveia são os mais utilizados, sob a forma de farinha ou em flocos. O arroz é, mesmo, um dos melhores alimentos para os cães. Ele pode ser dado a eles, cozido, temperado com alho, cebola, salsinha, etc., bem como frio ou morno e misturado com carnes cruas, legumes, cereais ou caldos.

13.3.7. Massas

Como fazem engordar muito, devem ser dadas com muito cuidado, principalmente no período de crescimento dos filhotes. Os cães gostam muito de comê-las.

13.3.8. Açúcar - Doces, Balas, Bombons e Chocolates

Não devem ser dados aos cães.

Puro, em doces, balas, bombons, rapaduras ou de qualquer outra forma, os cães gostam muito de comer açúcar, mas ele os faz perder o apetite e atrapalha o seu regime alimentar. Quando o cão o come em excesso, fica muito gordo e até obeso, o que lhe pode causar distúrbios às vezes muito sérios. Pode, também, prejudicar os seus dentes, causando tártaros, cáries e outros problemas.

13.3.9. Legumes

Quando verdes, são bons alimentos, por serem ricos em vitaminas mas, quando secos, não devem ser dados aos cães, porque são ricos em amidos, mas pobres em vitaminas. São indicados para dietas.

13.3.10. Frutas

São ricas em glucídeos, sais minerais e vitaminas, sendo um bom alimento mas, como não são alimentos naturais para os cães, embora eles gostem muito delas, só devem ser dadas como suplementos alimentares.

13.3.11. Sais Minerais

São indispensáveis para a alimentação dos cães. A sua falta ou o desequilíbrio entre eles, no organismo desses animais, podem causar distúrbios ou doenças orgânicas, às vezes, muito sérias. As necessidades de minerais são maiores nos períodos de gestação e de lactação; após a desmama; durante o período de crescimento; para a manutenção do seu organismo; para compensar os seus desgastes físicos, etc.

Como fontes de sais minerais, devemos dar, aos cães, farinhas de ossos ou ossos para eles roerem e comerem. Ossos pequenos e finos, como os de coelhos e de aves, por exemplo, não devem ser dados aos cães, porque eles se partem, com facilidade, soltando farpas e pequenos pedaços pontudos e cortantes, que podem provocar engasgos, ferimentos e perfurações nas suas vias digestivas. Os mais importantes sais minerais, para as necessidades dos cães, são os de cálcio e de fósforo, principalmente para a formação do esqueleto e o cloreto de sódio, para a do suco gástrico, para a digestão dos alimentos. Entre outros são, também, importantes para os cães, temos os sais de ferro, manganês, cobre e iodo.

13.3.12. Vitaminas

Por atuarem sobre o funcionamento e o estado do organismo dos cães, embora em pequenas quantidades, elas são indispensáveis na alimentação desses animais. Sua carência ou falta, provoca doenças da nutrição, prejudica a sua reprodução, concorre para uma queda na sua produção e pode, até, causar a morte dos cães. Elas, porém, não lhes devem ser dadas em doses muito elevadas, porque podem provocar a hipervitaminose, também prejudicial a esses animais.

As principais vitaminas para cães, são:

Vitamina A – para crescimento e reprodução.

Vitamina B – composto pelas vitaminas B1, B2, B3, B6 e B12, nicotilamina, ácido pantotênico, ácido fólico e biotina, indispensáveis para a prevenção de alguns distúrbios nervosos. Elas desempenham, também, importante função na assimilação dos hidratos de carbono. Sua carência provoca perda de apetite; queda de pêlos; atraso no crescimento; alterações na reprodução; dermatite seborréica; diarréias; paralisias; etc.

Vitamina C – É sintetizada ou produzida pelo próprio organismo do cão. A sua carência causa sintomas parecidos com os do escorbuto.

Vitamina D2 ou calciferol e D3 ou colecalciferol – Atuam de maneiras semelhantes. Encontramos a primeira, nos vegetais e na levedura de cerveja e a segunda, principalmente no óleo de fígado de bacalhau. Ambas atuam na formação do esqueleto ósseo e sobre as glândulas de secreção interna. Sua carência causa o raquitismo, porque o cálcio e o fósforo não se fixam no organismo do cão; há má calcificação dos dentes, etc. Essas vitaminas são encontradas no leite, no peixe, etc.

Vitamina E ou da reprodução – Estimula as funções de reprodução, como a produção de espermatozóides, e concorre para um desenvolvimento normal dos embriões e a nutrição dos fetos, além de manter o instinto de lactação da cadela. Evita a perda da potência sexual, abortos e a morte de neonatos.

Vitamina K ou anti-hemorrágica – Cuja carência provoca atraso no tempo de coagulação do sangue, o que provoca hemorragias em placentas e abortos.

Colina – Atraso no crescimento, problemas graves nos rins, no fígado e nos músculos do coração, anemia, icterícia, etc., são provocados por sua falta.

13.4. ÁGUA

Sem água não há vida e, por isso, sem água, os cães não podem viver. Ela tem uma série de funções no organismo desses animais: é indispensável para dissolver os alimentos, permitindo que sejam por eles digeridos e assimilados; por meio da evaporação, da transpiração, etc., regula a temperatura do corpo; conserva a elasticidade dos tecidos e dos órgãos; os princípios nutritivos obtidos pela digestão, são por ela transportados; permite a eliminação dos produtos da desassimilação; compõe todos os líquidos e humores orgânicos, como sangue, leite, lágrimas, linfa, etc. Por esses motivos, os cães devem ingerir, diariamente, uma quantidade de água suficiente para atender a todas as suas necessidades orgânicas. Quando sua alimentação é formada, também, por líquidos, os cães bebem menos água do que quando ela é composta por alimentos secos ou concentrados, como rações balanceadas, flocos, etc.

Não ingerindo água suficiente, os cães perdem o apetite, não absorvem ou assimilam totalmente, os seus alimentos, emagrecendo ou não se desenvolvendo normalmente, e as cadelas em lactação, têm uma queda na sua produção leiteira, o que prejudica os seus filhotes.

Por esses motivos, devemos fornecer aos cães, diariamente, água limpa, fresca e abundante, em bebedouros ou vasilhas bem limpas, principalmente para os filhotes e cadelas em gestação ou lactação. Quanto mais elevada a temperatura ambiente, de maior quantidade de água necessitam os cães para beber, porque maiores são as suas perdas desse líquido, pela transpiração, por evaporação e pela urina.

ALIMENTAÇÃO

As necessidades de água dos cães estão relacionadas a diversos fatores como: temperatura, volume e grau de umidade do seu corpo; tipo de alimentação (seca ou aquosa); estado de saúde; idade; sexo; raça; perda de água através dos rins, pele e pulmões, causadas pelo seu tipo de alimentação e por diversos outros fatores.

Devemos dar, para os cães beberem, somente água limpa, fresca, não poluída, livre de contaminações ou poluição e, de preferência potável ou filtrada pois, estando em más condições físico-químicas ou contaminada, ela pode transmitir aos cães, doenças orgânicas, infecciosas ou parasitárias ou então, causar-lhes intoxicações e envenenamentos.

Devemos manter água sempre à disposição dos cães, ou dar-lhes de beber, no mínimo, 3 vezes ao dia.

13.5. DISTRIBUIÇÃO DOS ALIMENTOS

Embora possa variar bastante, a distribuição de alimentos para os cãezinhos desmamados, pode ser feita 4 vezes ao dia, quando atingem 12 semanas de idade; 3, até aos 6 meses; 2 até 1 ano de idade e 1 a 2 vezes, para os cães adultos. Ela deve ser feita, sempre nos mesmos horários, o que facilita a sua digestão e evita perturbações gastrointestinais, nesses animais.

Importante, também, é a regularidade nos horários para distribuição das refeições, porque facilita os serviços e permite o controle das horas em que os cães fazem as suas necessidades, normalmente, logo após as refeições, para que tenham, sempre, um "banheiro", à sua disposição.

A alimentação dos cães deve ser dada de acordo com a sua idade, peso, tamanho, produção, se estão na reprodução e número de crias. É melhor ensinar os cães a sentarem em frente aos seus comedouros ou pratos, mas só começarem a comer, depois que receberem a ordem do seu dono ou tratador.

13.6. QUANTIDADES DE ALIMENTOS

Os cães só se alimentam bem, quando lhes damos alimentos bons, variados, sadios, com uma composição adequada e nas quantidades de que necessitam, porque, não só a sua qualidade é importante, mas também a sua quantidade, pois esses alimentos são indispensáveis para manter a sua vida, compensar os seus desgastes orgânicos e as suas produções de filhotes, leite e trabalho como companhia, guarda, etc. A composição, a qualidade e a quantidade dos alimentos têm uma grande influência sobre o nível do regime alimentar dos cães. Além disso, sua alimentação deve ser adequada a cada caso.

Para calcularmos a quantidade de alimentos que um cão deve comer, por dia, devemos dar-lhe o correspondente a 1/20 do seu peso vivo, ou seja, geralmente, de 450 a 1500 gramas.

O seu regime alimentar deve ser variado, mas adequado a diversos fatores como sua idade, ou seja, filhotes, jovens ou adultos; peso ou tamanho; se estão na reprodução; número de crias; utilidade, ou seja, para companhia, guarda ou trabalho, etc.

Sua alimentação adequada, em todos os casos, é relativamente fácil, porque existem rações especiais para todos eles como, por exemplo, para filhotes, reprodução, trabalho, etc. A composição e a quantidade de ração podem, também, variar em certos casos como, por exemplo, quando um cão está magro e precisa engordar; quando está muito gordo ou obeso e deve emagrecer; os cães fracos, doentes ou convalescentes; quando precisa, se esquentar, necessitando de maior número de calorias, principalmente durante o frio, no inverno, etc.

Quando, no entanto, o cão está muito gordo ou até obeso, deve fazer um regime para emagrecer, sendo sua alimentação controlada tanto na quantidade quanto na qualidade, para que ele não faça uma superalimentação.

13.7. PROBLEMAS DE ALIMENTAÇÃO

Podemos destacar, entre eles:
1. filhotes ou cães jovens que, devido, geralmente, a uma alimentação má, defeituosa ou insuficiente, não estão se desenvolvendo bem e ainda apresentam sintomas de fraqueza ou de moleza;
2. mau hálito de origem alimentar causado, às vezes, por um excesso de fécula na sua alimentação;
3. gases e mau cheiro, que podem ser produzidos por uma ingestão excessiva de ovos ou de carne, inclusive rim, fígado, etc.;
4. pêlos secos, mortos ou caindo, devido às faltas de vitaminas, gorduras ou óleos;
5. muita coceira, mas sem eczema, o que pode ser provocado por falta de vitamina B;
6. cão fraco, sem forças e com musculatura mole, resultado de uma alimentação muito rica em gorduras moles e pobre em alimentos energéticos.

13.8. AS REFEIÇÕES

O número de refeições que os cães recebem, por dia, varia de acordo a sua idade, como verificaremos, a seguir:

1. em crescimento, até 3 meses de idade: 4 refeições ao dia, num total de 120 a 460g de alimentos;
2. de 4 a 6 meses de idade: 3 refeições ao dia, totalizando 230 a 900g de alimentos, conforme o seu tamanho;
3. de 6 a 9 meses de idade: 2 refeições ao dia;
4. acima de 9 meses de idade, somente 1 refeição ao dia, de preferência, entre 18 e 19 horas. Não há, porém, qualquer inconveniente, que ela seja dada a qualquer hora do dia ou da noite, porque os cães se acostumam com esse regime, desde que haja um intervalo de 24 horas, entre 2 refeições e que elas sejam fornecidas, sempre, no mesmo horário. A composição e a qualidade dos alimentos, naturalmente, influem, e muito, sobre o regime alimentar dos cães.

Para calcular quanto deve comer um cão, por dia, o melhor é fornecer-lhe alimentos pesando 1/20 do seu peso vivo, ou seja, de 450 a 1500g, conforme o peso ou tamanho do animal.

O criador, em um canil comercial, principalmente, deve dar aos cães, alimentos compatíveis com a sua idade, produção, reprodução, número de filhotes, produção leiteira, tamanho ou peso, etc.

13.9. DIETA

Muitas vezes, um cão engorda tanto, que chega a ficar obeso. Esse problema é causado, na maioria das vezes, por uma superalimentação provocada pelos "pedacinhos" de comida que lhe são dados fora das suas refeições e que, somados, podem representar um volume apreciável. Por esse motivo, um cão adulto só deve receber 1 a 2 refeições ao dia, nada mais comendo entre elas.

Quando um cão começa a engordar muito, a primeira providência a tomar, é diminuir a quantidade de alimentos que ele recebe por dia. No caso, porém, de isso não dar resultados satisfatórios, devemos submetê-lo a uma dieta rigorosa, para emagrecer, mas que deve ser feita sob a orientação de um médico veterinário.

Filhote Brad Gnatas
25 dias de idade
Canil Pit Bull Asteca

Capítulo XIV
Higiene

14.1. GENERALIDADES

As instalações e os locais para os cães, inclusive canis, devem ser limpos, varridos, lavados e desinfetados, todos os dias, para que neles sejam mantidas as mais rigorosas condições de higiene. Os bebedouros, comedouros, pratos e outras vasilhas, devem estar sempre bem limpos, lavados e desinfetados.

É necessário também, diariamente, fazer uma rigorosa vistoria nas camas e nos ninhos, limpando-os, desinfetando-os e trocando a sua forração, quando necessário, para que se mantenham sempre limpos.

14.2. HIGIENE BUCAL

É muito importante e deve ser feita regularmente, para: evitar problemas de saúde para o cão; combater as cáries dentárias e o tártaro; para evitar que dentes se quebrem ou a sua queda prematura, as infecções na boca, inclusive nas gengivas, o mau hálito, etc. Para que esses problemas não ocorram ou diminuam, devemos escovar os dentes, do cão, pelo menos 1 vez por semana; usar somente pastas dentais para uso canino, evitando as de uso humano; utilizar somente escovas de dentes especiais para uso canino; não jogar pedras para os cães irem buscar, porque elas podem machucar a sua boca, ferir as suas gengivas, quebrar os seus dentes ou até provocar a sua queda. Além disso, devemos dar, aos cães, ossos duros e

Red Sunny of Best Trump Kennel
2 anos de idade
Criador: Alexandre Von J. Murad
Piçarras - SC

grandes, para eles morderem, roerem e comerem, ou alimentos como coração e pescoço de frango que, por serem duros, servem para combater o tártaro, as cáries dentárias, a queda de dentes, etc.

O mau hálito de um cão pode ser causado por dentes descarnados; cáries; tártaro dentário; infecções dentárias; amigdalas com pus; problemas de alimentação, etc.

Para facilitar a escovação dos dentes, devemos ensinar o cão a abrir a sua boca.

14.3. ESCOVAÇÃO

Como ele têm os pêlos curtos, é muito fácil escovar um *Pit Bull*, desde que seja treinado a ficar quieto e parado. Devemos usar, para isso, uma escova especial para escovar e pentear cães de pêlo curto, o que deve ser feito, pelo menos 2 vezes por semana, embora o melhor seja fazê-lo diariamente. Quanto mais cedo o cão começa a ser escovado, melhor, pois, assim, desde filhote, ele já vai se acostumando com isso, que passa a fazer parte da rotina da sua vida.

Escovar o cão, regularmente, é muito importante, tanto para a sua higiene, quanto para manter a sua beleza pois, além de lhe dar um aspecto de limpo, faz com que seus pêlos fiquem brilhantes, porque a escova elimina todos os pêlos mortos, toda a poeira e todos os parasitas como pulgas, piolhos e carrapatos, concorrendo, ainda, para que ele não fique com mal cheiro e para ativar a sua circulação sangüínea.

Para manter os pêlos do *Pit Bull*, limpos e brilhantes, podemos usar, também, uma luva especial de pelica ou uma rasqueadeira macia. Naturalmente, alimentação, proteção contra o sol em excesso, etc., concorrem para que os pêlos fiquem mais limpos e brilhantes, fazendo o cão ficar mais bonito.

O melhor, para escovar um filhote de *Pit Bull*, é colocá-lo sobre uma prancha ou mesa, mas que não tenha tampa escorregadia. Ela pode, até, ser forrada com um tapete, inclusive de borracha ou um pano grosso e áspero, a ela fixado, para que o cão não escorregue e possa até cair no chão e se ferir, às vezes, seriamente.

O cão deve ser ensinado a ficar quieto, parado, para que possa ser escovado com maior facilidade e em menos tempo. Se ele começar a ficar inquieto e a se mexer muito devemos, com energia, dar-lhe a ordem "quieto", repedindo-a quantas vezes se fizerem necessárias, pois o animal em pouco tempo, passa a obedecê-la.

Ao escovarmos um filhote, devemos tomar algumas precauções, para que ele não pule de cima da mesa, fique se mexendo muito ou até brincando sobre ela, para não atrapalhar o serviço. Além disso, ele pode levar um tombo, cair no chão e se machucar, às vezes, gravemente.

Para evitar um acidente com o cão, devemos:

1. colocar o filhote em pé, sobre a mesa, com a cabeça virada para o lado esquerdo da pessoa que o vai escovar. Ao mesmo tempo, ela coloca a sua mão esquerda entre as pernas dianteiras do cãozinho e o segura firme, por baixo do peito, para que ele não escape, mas sem o machucar ou apertar demais;
2. a pessoa pega a escova com a mão direita, começa a escovar pela cabeça e passa pelo pescoço, até chegar ao seu quarto traseiro, completando este lado;
3. depois, ela vira o cão, para o outro lado, ficando sua cabeça para o lado direito da pessoa que está escovando, e que deve colocar a sua mão esquerda, entre as patas traseiras do filhote, segurando-o com firmeza, pela barriga, podendo assim, escovar todo o seu lado direito, terminando o serviço. O filhote vai se acostumando e, depois de algumas vezes, fica quieto e parado, deixando-se escovar, facilmente.

Algumas partes do corpo do cão como as suas orelhas por exemplo, são muito delicadas e sensíveis, sendo necessário tomar muito cuidado ao escová-las, evitando feri-las ou machucá-las, para não fazer o animal sofrer, sentindo dores, às vezes, fortes.

Para fazer os seus pêlos ficarem mais brilhantes e mais bonitos, depois de escová-los bem, podemos passar neles, uma flanela ou uma luva especial para isso. É necessário, também, penteá-lo bem, passando uma escova, mas sempre no sentido do seus pêlos, e depois, um pano de lã ou uma flanela, para que seus pêlos fiquem bem brilhantes e mais bonitos.

14.4. BANHO

Devemos dar banho, no *Pit Bull*, 1 vez por semana ou até mais vezes, quando necessário como, por exemplo, quando ele se suja. Além disso, o banho serve para mantê-lo limpo, livre de poeiras, terra, lama, fezes dele próprio ou de outros animais, manchas de óleo, de tintas, etc. O banho serve, também, para combater pulgas, piolhos, carrapatos e outros insetos, parasitas ou não, que possam atacá-lo, livrando-o deles, o que lhe proporciona um maior conforto e melhora a sua aparência. Não há dúvida de que o banho faz os pêlos do cão ficarem limpos e mais soltos, podendo ser mais bem escovados, penteados e tratados, tornando-se mais brilhantes e mais bonitos.

HIGIENE

O banho tem, também, a vantagem de fazer o cão não exalar o seu cheiro natural, que vai ficando cada vez mais forte e desagradável, quando ele não toma banho, o que o faz ainda, apresentar um mau aspecto.

O filhote pode tomar o seu primeiro banho, quando atinge 4 ou 5 semanas de vida. Quando, porém, for necessário, como em um caso de emergência, podemos banhar o filhote, desde que sejam tomados as devidas precauções.

Para darmos um banho, em um cão, devemos:

1. mantê-lo em um local bem abrigado dos ventos, das chuvas e do frio, principalmente no inverno;
2. usar um tanque, uma bacia, uma banheira ou um box de chuveiro, forrados com um tapetinho de borracha, para ele não escorregar ou ficar tenso, com medo de levar um escorregão;
3. a água deve ser fria ou morna, mas não quente;
4. usar xampu, creme rinse ou sabonetes, mas somente especiais para cães, o que faz os seus pêlos ficarem limpos, mais soltos e mais brilhantes;
5. para o banho, usar um chuveirinho ou uma pequena mangueira, com água morna;
6. encharcar bem o corpo do cão e, depois, a sua cabeça, com cuidado, para que não caia água dentro dos seus ouvidos. Para que isso não aconteça, podemos colocar um chumaço de algodão dentro de cada um deles;
7. ensaboar e esfregar bem, todo o cão, para que fique bem limpo e com os pêlos brilhantes;
8. depois de ensaboado, devemos enxaguá-lo bem, retirando dele, todo o sabonete ou xampu;
9. enxugá-lo com uma toalha felpuda, e depois com um secador elétrico, para que os seus pêlos fiquem bem secos.

Muitas vezes, depois do banho, o cão começa a espirrar e apresenta um corrimento nasal parecido com o de um resfriado mas que, realmente, é uma irritação causada pelo sabonete ou pelo xampu.

O banho pode ser dado uma vez por semana ou com intervalos de 10 dias ou até com intervalos maiores. Banhos muito freqüentes prejudicam o cão, porque eliminam uma camada de óleo que protege a sua pele. Quando, porém, for necessário, como em casos de emergência, seus banhos podem ser feitos com intervalos menores.

Não devemos dar banhos em cadelas, no seu primeiro mês de gestação e nem em filhotes com menos de 12 semanas de idade, exceto, naturalmente, em casos de emergência e com água morna. Cães doentes, com febre ou indisposições, mesmo que sejam passageiras, não devem tomar banho.

Quando, por qualquer motivo, o cão não puder tomar um banho normal com água, podemos fazer a sua higiene, usando talcos, desodorantes e outros produtos, desde que sejam especiais para cães.

14.5. BANHO A SECO

É assim denominado, porque nele são utilizados produtos, entre os quais, xampu e talcos especiais para cães, mas não a água. Esse tipo de banho, no entanto, só deve ser usado, quando, por um motivo qualquer, como uma doença, o cão não puder tomar um banho normal, com água.

14.6. OUTRO TIPO DE BANHO

Nele é utilizada a seguinte fórmula caseira: 1 copo de água morna; 1 colher das de sopa, de vinagre branco e 1 colher das de sopa, de álcool. Misturar bem. Passar o líquido nos pêlos do cão.

14.7. LIMPAR OS OUVIDOS

Devemos fazê-lo com o maior cuidado possível, para não machucá-los, porque eles são muito sensíveis e delicados, e isso pode provocar fortes dores e sofrimentos, otites, infecções e outros problemas, no ouvido interno do animal. Devemos, por isso, evitar o uso de bastonetes com algodão, porque eles podem empurrar a sujeira mais para o fundo dos ouvidos. O melhor, nesses casos, é empregar um medicamento especial para pingar no ouvido do cão e que serve também, para dissolver a cera que existe, normalmente, no seu interior. Depois, é só o cão sacudir a cabeça, para a cera sair dos seus ouvidos.

Essa limpeza é feita, para que não apareçam problemas quando eles estão sujos, possuem alguma lesão ou quando cai água dentro deles, o que pode causar inflamações, infecções ou dores de ouvido, às vezes muito fortes.

Quando o cão coça muito os ouvidos, com as patas, sacode muito a cabeça ou quando, de dentro deles sai um mau cheiro, ele deve ser levado para exames, por um médico veterinário.

14.8. UNHAS

As unhas dos cães devem ser cortadas regularmente, principalmente as das patas traseiras, porque elas se desgastam menos. Devemos usar, para isso, um alicate especial para unhas ou uma tesoura bem afiada, mas tomando cuidado para não cortá-las curtas demais, para que não seja atingido "o sangue", ou seja, a região em que se localizam as artérias, as veias e os nervos, pois isso causaria dores e hemorragias. Quando houver sangramentos, devemos estancar o sangue e desinfetar o local.

14.9. OLHOS

Devemos ter muito cuidado com eles, o que é bastante fácil. Para isso, é suficiente examiná-los regulamente e limpá-los com delicadeza, usando um algodão molhado com um colírio especial para cães. Quando, porém, ocorrer algum problema, levá-lo a um médico veterinário, para evitar, às vezes, até um cegueira.

14.10. COSMÉTICOS DE USO CANINO

Depois de tomar um bom banho, podemos fazer o cão, não só ficar limpo, bonito e com um "ar de limpeza", mas também "perfumado", usando xampus e perfumes especiais para cães e que são, às vezes, ótimas imitações de famosas marcas.

14.11. ROUPAS

Os cães podem se vestir até com elegância, pois existem nas lojas, à sua disposição, abrigos, agasalhos e capas; blazers; macacões; camisas sociais e esportivas, inclusive com as cores e escudos de clubes; bonés; gravatinha "borboleta"; mochilas para os próprios cães carregarem; óculos de sol; sapatos; botas; adornos; jóias; etc.

Existem, também, fraldas ou calças especiais, para evitar que sujem a casa ou outros locais, principalmente as cadelas, quando estão com "sangramento".

Só uma boa coleira e uma forte corrente seguram um *Pit Bull*

Red Sunny of Best Trump Kennel
2 anos de idade
Criador: Alexandre Von J. Murad
Piçarras - SC

14.12. BRINQUEDOS

Grandes, também, são a quantidade e a diversidade de brinquedos encontrados, principalmente em lojas especializadas ou Pet Shops, entre os quais, podemos mencionar bolas, bichinhos, bonecos, pirulitos, hambúrgueres, ossos plásticos especiais para eles brincarem e limparem e afiarem os seus dentes, etc.

14.13. OUTROS PRODUTOS

Existem, ainda, produtos especiais ou repelentes líquidos ou em massas, para serem colocados em certos locais proibidos, nos quais os cães não podem entrar. Eles servem, também, para serem passados nos pés de mesas e de outros móveis, para que, principalmente os filhotes, não os sujem, arranhem, mordam ou mastiguem e até os destruam.

Podem ser encontrados, também, excelentes e saborosos alimentos e bebidas, inclusive refrigerantes, especiais para cães.

14.14. MUDA

É a troca dos pêlos velhos, por pêlos novos, que vão nascendo, normalmente, para substituí-los, ficando o cão com uma pelagem completamente nova, quando termina a muda. Ela se realiza uma vez por ano, geralmente na época em que começa o calor e as temperaturas vão ficando mais elevadas, principalmente no verão, e o cão vive livre, em seu ambiente.

Os cães que vivem e permanecem somente em ambientes fechados e com calefação, no entanto, podem ter o seu ciclo anual de muda, alterado.

Red Sunny of Best Trump Kennel
2 anos de idade
Criador: Alexandre Von J. Murad
Piçarras - SC

Capítulo XV
Doenças e Vacinas

15.1. DOENÇAS

Todos os filhotes devem ser vacinados, obrigatoriamente, contra algumas doenças, como verificaremos a seguir.

CINOMOSE. É uma doença infecciosa muito contagiosa, causada por um vírus. Seu sintoma típico é presença de "bolinhas" amarelas, de pus, na barriga do cão. Ataca o aparelho digestivo e o respiratório, dos cães ou o seu sistema nervoso. Atinge os cães de todas as idades, principalmente os filhotes de 2 a 6 meses de idade. Ela pode ser mortal. A vacinação contra a cinomose deve ser feita todos os anos.

HEPATITE INFECCIOSA. Os mais contaminados por ela, são os cães mais jovens e os mais velhos. Atinge o fígado, provocando, também, dores abdominais, sangramentos, depressão, etc. Vacinar os cães, anualmente, contra essa doença.

LEPTOSPIROSE. É transmitida, principalmente, pela urina de ratos. Doença grave, ataca também, o homem. Seu diagnóstico clínico não é muito fácil, porque não apresenta sintomas específicos, mas apenas gerais, como fraqueza, perda de apetite, vômitos e febre alta. A vacinação deve ser anual. Ver tabela no final deste capítulo.

PARVOVIROSE. Ataca os cães de todas as idades, sendo uma virose grave e mortal. Vacinar todos os anos.

CORONAVIROSE. Altamente contagiosa e de mortalidade elevada, principalmente em cães jovens. Embora possa ser mais longo, o seu período de incubação é de 24 a 36 horas. Seus sintomas são: falta de apetite, prostação, letargia, diarréia com fezes amarelas, alaranjadas ou sanguinolentas e com forte cheiro fétido característico e com muco, vômitos biliosos, espumantes e, às vezes, sanguinolentos. Não é transmissível ao homem. O cão leva, em geral, de 7 a 10 dias, para se recuperar. Vacinar os cães, com 45 a 75 dias de idade.

INFLUENZA OU INFECÇÃO TRÁQUEO BRONQUIAL CANINA. Muito contagiosa, é uma das mais perigosas doenças para os cães, atacando-os em todas as idades e afetando o seu sistema respiratório. Ela se transmite por contato indireto ou direto com cães doentes. Apresenta os seguintes sintomas: febre alta e tosse forte, com catarro ou mucosidade. Sua duração é, normalmente, de 2 a 4 semanas. O cão deve ser medicado, o mais rapidamente possível, porque maiores serão as suas possibilidades de cura. Os filhotes devem ser vacinados, como rotina, contra a influenza, existindo para isso, uma vacina múltipla contra diversas doenças, inclusive a influenza.

RAIVA. É a mais conhecida e famosa doença, sendo transmissível ao homem. É produzida por um vírus, sendo mortal para o homem e os animais por ela atacados. O seu contágio é feito por contato direto com a saliva contaminada, por mordida ou lambedura de um animal raivoso, tanto ao homem, quanto a cães e a outros animais. Ela pode ser transmitida, também, pelos morcegos, principalmente os hematófagos ou vampiros. Para evitá-la e combatê-la, devemos aplicar a vacina anti-rábica, nos filhotes, aos 4 meses de idade e depois, 1 vez por ano, de acordo com a tabela de vacinação, para cães, que apresentamos a seguir. É aconselhável, no entanto, levar o cão, ao médico veterinário, para que ele o examine e indique o esquema de vacinação a ser adotado.

15.2. TABELA DE VACINAÇÃO PARA CÃES

IDADE DO CÃO (EM DIAS)	VACINAS
45	1ª coronavirose
60	1ª cinomose, hepatite infecciosa, leptospirose e parvovirose
75	2ª parvovirose e 2ª coronavirose
90	2ª cinomose, hepatite infecciosa e leptospirose
105	3ª parvovirose
120	3ª cinomose, hepatite infecciosa e leptospirose, raiva – dose única.

15.2. VERMINOSES

Mesmo que a limpeza e a higiene dos ninhos sejam as mais completas possíveis, os filhotes, normalmente, são infestados por vermes, quando mamam nas tetas da cadela, pois elas se sujam e contaminam ao esbarrarem e serem esfregadas no chão.

Quando estão com verminoses, os filhotes ficam tristes e abatidos; vão emagrecendo e perdendo peso; seu ventre torna-se inchado, volumoso; seus pêlos vão perdendo o brilho e ficam foscos; ficam com diarréia; apresentam mucosidade ou vermes, nas fezes, ou somente "bolos" de vermes, que vão sendo expelidos pelo seu ânus. Os filhotes, quando necessário, devem tomar um vermífugo, mesmo que seja antes da desmama, para que eliminem os vermes e possam se recuperar.

A vermifugação deve ser feita como rotina, e os filhotes só devem ser vendidos ou presenteados, após haver sido tomada essa providência.

Angels in Fire Alena
3 anos de idade
Criador: Alexandre Von J. Murad
Piçarras - SC

Capítulo XVI
A Comunicação entre os Cães e o Homem

Quando cães desconhecidos se encontram, muitas vezes nem se importam um com o outro e seguem, normalmente, os seus caminhos. Outros, eriçam as orelhas e as dirigem para a frente, começam a se cheirar, a balançar e a fazer outros movimentos com a cauda, e até passam a latir um para o outro, mas não se agridem. Eles possuem, mesmo, um verdadeiro "código de comunicação" composto por sinais, percepções e cheiros ou odores especiais, através dos quais se comunicam. Esse relacionamento entre os próprios cães e deles com o homem, é da maior importância, porque os cães são animais sociais. O seu contato ou a sua relação com o homem são feitos através dos cinco sentidos que os cães possuem e utilizam: visão, audição, olfato, tato e gosto.

16.1. OS CÃES E SUA LINGUAGEM

Os homens se comunicam, pessoalmente, empregando sons, odores, expressões e gestos naturais ou artificiais, o mesmo acontecendo com os cães. O homem já aprendeu a linguagem desses animais, identificando os seus sons, gestos, odores e expressões, podendo assim, melhor com eles se relacionar, por melhor compreendê-los, conseguindo até traduzir a sua linguagem.

Para "falar" com os cães, no entanto, é necessário saber como e por que eles tomam determinadas atitudes, entre as quais certos olhares, latidos, uivos, gestos, etc., quando querem "dizer" alguma coisa ou se comunicar, pois elas é que formam a sua "linguagem".

Reconhecer a linguagem dos cães é relativamente fácil, como também o é a sua comunicação com o homem, porque todos "falam", além de terem uma grande capacidade de expressão e de comunicação corporal, através de atitudes e gestos, o que torna mais fácil e mais sólido esse relacionamento e os laços de amizade entre os cães e o homem.

Desde Charles Darwin (o famoso naturalista inglês, autor da "Teoria da Evolução", que estudou o comportamento dos cães e os seus sentimentos de medo, prazer e raiva), a decodificação da linguagem dos cães vem sendo tentada. Também Konrad Lorenz, cientista alemão, prêmio Nobel de 1973, estudou profundamente o comportamento dos animais.

16.2. OS CÃES NA SUA CASA

Os cães possuem muita sensibilidade e grande capacidade de percepção. Por esse motivo, "sabem" quem é, em relação a eles, o "chefe" da casa, ou seja, a pessoa com a qual tem mais contato e que cuida dele. Por isso, a escolhem como "chefe", pois consideram como sua matilha a família com a qual convivem. Esse comportamento é completamente diferente do que apresenta, por exemplo, o gato, pois este, como nunca viveu em bandos e portanto, não teve líderes, é completamente independente, não aceitando chefes, mesmo que sejam homens.

16.3. A LINGUAGEM DO CÃO

Os cães se comunicam entre si, com outros animais e mesmo com o homem, usando uma verdadeira "linguagem", composta por sons, expressões, gestos e atitudes, como poderemos verificar, a seguir:

— **cabeça e orelhas viradas para determinada direção**: escutou algum barulho e quer localizá-lo e identificá-lo;
— **cauda balançando para os lados**: se ela estiver na posição normal, significa alegria;
— **cauda levantada**: o cão está pronto para a briga com outro cão;
— **cauda levantada e balançando**: alegria e segurança;
— **cauda baixa**: insegurança;
— **cauda parada**: inquietude;

- **cauda entre as pernas**: medo ou o cão está precisando de alguma ajuda, porque está "apertado" para fazer as suas necessidades;

- **cheirar o rabo de outro cão**: é uma forma de conhecer outro cão e de cumprimentá-lo, além de o identificar, individualmente, pelo seu cheiro especial (uma verdadeira carteira de identidade) produzido pela sua glândula anal;

- **dar voltas e girar no mesmo lugar, antes de se deitar e, às vezes, arranhando o local (terra, tapetes, etc.) com as unhas**: é um hábito adquirido de seus antepassados selvagens que, assim, preparavam a cama para dormir e que, para isso, precisavam amassar o capim e preparar o local para se deitar;

- **deitar de costas, com a barriga para cima**: Os cães agem assim, quando:

    1. estão muito alegres e querem brincar "dizendo" com isso, a sua alegria e o seu prazer com a brincadeira;

    2. sentindo-se ameaçados, portam-se como os seus antepassados selvagens, deitando-se de barriga para cima, para mostrar a cor clara do ventre, em sinal de submissão;

    3. quando brigam e perdem, tomam essa posição, "se entregando", indicando que não querem mais brigar;

- **destruir os objetos que encontram**: é uma forma de demonstrarem que estão se sentido sós, abandonados, desprezados e estão se vingando. Nos filhotes, isso é normal e eles o fazem para brincar. Basta zangar com eles para que parem de fazê-lo;

- **enterrando e escondendo objetos ou comida**: é um costume herdado dos antepassados selvagens, que precisavam esconder, enterrando, a comida que sobrava de uma, para garantir outra refeição, se não conseguissem caçar uma nova presa. Os cães ou enterram os seus brinquedos ou outros objetos e até comida ou os escondem em cantos escuros ou "secretos" no local em que vivem;

- **enterrar as fezes**: costume herdado dos seus ancestrais selvagens, que o faziam para não deixarem "rastros" por onde passavam, para evitar perseguições. Segundo outra teoria, eles o faziam como um verdadeiro controle sanitário, para evitar possíveis transmissões de doenças infecciosas ou parasitárias. Enterrá-las, portanto, evitava o contato com outros animais;

- **fica se esfregando no dono, principalmente na sua perna**: significa que o cão quer ser acariciado;
- **dar "cutucadas" com o focinho**: é a maneira de chamar a atenção da pessoa que está perto dele e em geral, para pedir alguma coisa como, p. ex., carinho, colo, uma guloseima ou um passeio e, às vezes, até já traz a coleira, com a qual sabe que tem de sair para passear;
- **"cutucada" com o focinho, acompanhada de uma batida rápida com a pata**: é uma forma enérgica de chamar a atenção;
- **ganido fino e às vezes, lancinante**: pode significar sofrimento físico ou mesmo, psíquico;
- **lábios levantados e o cão rosnando**: significa ameaça;
- **lambidinha**: é a maior prova de afeto que um cão, de qualquer idade, pode dar a uma pessoa, lambendo-lhe o rosto e as mãos;
- **latir**: é a voz do cão;
- **latido**: é a expressão da voz do cão;
- **latidos com intervalos longos (de 15 segundos, mais ou menos)**: significam que o cão está querendo alguma coisa: água, comida, fazer as suas necessidades, que abram a porta para ele entrar ou sair e nesse caso ele, geralmente, fica em frente a porta;
- **latidos com intervalos menores (de 3 segundos), baixar um pouco as orelhas e, às vezes, enrugar o nariz, rosnar e até ficar com os pêlos das costas eriçados**: significa um sinal de alerta, provavelmente, para denunciar a presença de algum estranho ou que o cão está pronto para brigar ou atacar;
- **latir sem parar**: o cão está disposto a atacar algum intruso, homem ou animal, para defender o seu "território", seus pertences, sua comida, sua fêmea, seus filhotes, o dono ou outra pessoa da "sua família". Nesse caso, "arreganha" os dentes, fica com a cara e o focinho franzidos, as orelhas para trás e está pronto para atacar a qualquer momento, o que significa morder o adversário;
- **levantar uma pata, em direção a alguém**: o cão está pedindo alguma coisa, é inseguro ou não "amadureceu", pois ele faz esse gesto porque, quando mamava, esticava a pata contra as tetas da cadela e delas saía leite. Pode ser, também, o resultado de um adestramento;
- **olhar vivo e brilhante**: alegria, saúde;

- **olhar embaciado**: tristeza, mal estar, doença e até catarata;
- **olhar perdido, meio mortiço**: muita tristeza ou solidão;
- **olhar ausente e apático**: pode ser um mal estar ou até uma doença;
- **olhar "suplicante"**: pedindo alguma coisa;
- **orelhas em pé**: atenção;
- **orelhas baixas**: preocupação;
- **orelhas bem baixadas para trás**: posição de ataque;
- **orelhas para a frente**: alarme, atenção;
- **resmungar**: é o que o cão faz, normalmente, quando se sente desprezado ou fica sentido ou ofendido quando zangam com ele: é um verdadeiro "queixume" ou um verdadeiro "choro";
- **"sujar" em cima da cama ou de objetos do seu dono**: ocorre quando o cão está contrariado e, por isso, está lavrando o seu protesto. Só devemos castigar o cão, se ele for pego em flagrante;
- **uivar**: poder ter sentido o cheiro de uma fêmea no cio; está com fome; está se sentindo só, sentindo solidão. Às vezes, os cães começam a uivar em grupo, formando uma verdadeira "orquestra", como o faziam os seus antepassados selvagens, principalmente à noite;
- **urinar em qualquer lugar**: quando o cão é adulto, significa falta de educação. No caso de filhotes, significa incontinência urinária;
- **urinar nos cantos ou limites da casa**: nesse caso, o cão está marcando o seu território.

Angels in Fire Alena
3 anos de idade
Criador: Alexandre Von J. Murad
Piçarras - SC

Capítulo XVII
TREINAMENTO

17.1. DO TREINAMENTO

O *Pit Bull*, além de ser um ótimo cão de guarda é, também, um cão de companhia amigo e fiel em todas as circunstâncias. Todo cão, no entanto, não nos devemos esquecer, é um animal, possuindo todos os seus instintos naturais. Por isso, deve receber um bom treinamento, para melhor se adaptar à vida e aos costumes ou hábitos dos homens. Ele deve ser baseado, principalmente, na obediência e no aprendizado de algumas normas ou regras, mais fáceis de serem assimiladas por ele quando começa mais cedo os seus treinamentos.

Bondade, paciência e perseverança são, porém, indispensáveis, para que sejam obtidos os melhores resultados. Naturalmente, isso exige mais trabalho, mas não devemos desanimar porque, toda a relação do cão, com o seu dono, com as pessoas conhecidas, com as quais convive em seu ambiente, e com estranhos, vão depender desse seu treinamento, para que aprenda algumas regras, para melhor se adaptar à companhia humana. O objetivo desse treinamento, porém, não é o de subjugar o cão, quebrando a sua vontade, o seu caráter ou o seu orgulho mas, às vezes, o obriga a controlar os seus hábitos ou os seus instintos naturais que, para ele, são normais.

Não é só aconselhável, mas necessário, mesmo, que o cão se adapte aos hábitos dos homens e a com eles conviver, o que é fácil, principalmente se o relacionamento começar quando ele ainda é novo. Ele necessita, também, de exercícios e de estímulos psíquicos ou mentais, tanto quanto dos físicos, para a sua ansiedade diminuir, diminuindo ou evitando a sua necessidade de destruir, porque sente solidão, ou seja, a "ansiedade da separação".

Para que a mente do cão se torne mais ativa e alerta, melhor são os jogos construtivos que são, também, um bom treinamento, principalmente de obediência. Quando eles são feitos como um tipo de brincadeira, fazem o cão ficar alegre, não parando e querendo brincar mais.

Embora o nosso relacionamento e a nossa aproximação com o cão, devam ser os melhores possíveis, devemos nos impor a ele, fazendo-o compreender que deve nos aceitar como o seu líder ou chefe e nos respeitar pela nossa autoridade e pela justiça com que o tratamos. Isso não é difícil, porque os seus ancestrais viviam em matilhas e possuíam um chefe que eles respeitavam e obedeciam, mas contra o qual lutavam, para substituí-lo na liderança do bando, quando ele não mais demonstrava a firmeza e a energia necessárias nas suas atitudes ou quando o julgavam velho para essa missão.

O cão deve fazer exercícios diariamente, pois são indispensáveis para a sua saúde física e, o que é muito importante, também, para a mental ou psicológica, principalmente antes de 1 ano de idade.

Como os cães variam muito, quanto à sua personalidade, depois que eles apreendem a obedecer, devemos mostrar-lhes o que é certo e o que é errado, para que compreendam e ajam da maneira mais adequada, em cada situação.

Os métodos de treinamento variam de acordo com o treinador, as circunstâncias, etc. Nesse período, o cão deve andar, no máximo, 1,5km diariamente mas, quando completa 1 ano de idade, esse percurso deve ser aumentado para 2,5km. Assim sendo, ensinar aos *Pit Bulls*, é induzi-los e acostumá-los a fazer, de boa vontade e com prazer, o que lhes for solicitado, evitando que mantenham ou adquiram hábitos não desejados nas suas relações com o homem, com cães e, também, com outros animais.

17.2. EXERCÍCIOS

Os *Pit Bulls*, desde filhotes, devem se exercitar diariamente, para se manterem sadios, vivos e bem espertos. Andar, correr, nadar e mergulhar são os indicados para esses animais. Eles os podem praticar, até mesmo andando ou trotando, com os seus donos, quando estes fazem a sua caminhada ou a sua corrida diária ou quando andam de bicicleta e os puxam pela guia. Outros cães é que vão puxando os donos, em bicicletas ou sobre skates, por uma distância de 1.000m ou de 500m, quando o cão puxar 2 *skates*, cada um com uma pessoa. Outro bom exercício, é fazer os cães saírem correndo atrás de objetos que são jogados à distância, para eles os pegarem, como discos de plástico, que eles não possam rasgar; bolas de plástico aromatizadas, para os cães as encontrarem com mais facilidade; halteres, etc.; competindo com "cabos de guerra"; salto em altura, mas sem o cão correr para tomar impulso e pegar um pneu ou qualquer outro objeto, a 1,5m do chão, e cuja altura vai sendo aumentada, enquanto o cão conseguir atingi-lo; pular uma parede ou um muro de madeira de, no mínimo, 1,80m de altura e o máximo que ele puder alcançar; o cão tem que pegar ou atingir um objeto a 2m de altura do chão, no mínimo, mas pode ficar à distância e correr para tomar impulso podendo, também, se apoiar na árvore ou no muro, para subir e abocanhar o objeto.

17.3. ENSINO

O ensino dos filhotes começa quando são, ainda, muito novos e o criador controla o seu comportamento ao mamar e continua quando são ensinados a não roubar a comida do prato de outros filhotes e, também, quando o criador diz "NÃO", quando fazem algo errado ou quando os elogia, dizendo "MUITO BEM" e os agrada, quando voltam para o seu próprio prato. É dessa maneira que os filhotes começam a distinguir o tom da voz e o seu significado, ou seja, quando é enérgica, zangada ou de reprovação, do "NÃO" ou meiga e carinhosa, de aprovação ou uma forma de agradar, do "MUITO BEM".

Os cãezinhos só devem começar a passear, com 5 meses de idade e somente depois de haverem sido vacinados, e isso, inclusive, para se apresentarem em exposições, para evitar que contraiam alguma doença, às vezes grave e, também, porque os ligamentos das suas patas ainda são muito fracos e os filhotes se cansam com muita facilidade.

Os treinamentos, para outras atividades, só devem começar depois dos 8 ou 9 meses de idade, para evitar que as suas articulações sejam forçadas demais, o que pode provocar distensões musculares, tendinites, etc. O melhor, portanto, é deixar os filhotes soltos e livres para andarem e correrem à vontade, fazendo, normalmente, os seus exercícios. Devemos, também, usar palavras curtas e ordens simples, que eles entendam e possam obedecer. Importante, ainda, é não lhes dar muitas ordens ao mesmo tempo, para que não se confundam e se atrapalhem na sua execução.

17.4. PALAVRAS E ORDENS

Os cães devem ser treinados, porque começam a melhor conviver com o homem, pois passam a compreendê-lo melhor, a respeitá-lo e a obedecer às suas ordens. Essa integração dos cães com o homem é tão estreita, que muitos deles são considerados membros das famílias com as quais convivem.

O seu treinamento deve ser feito com regularidade e sem interrupções, até que sejam obtidos os resultados desejados. É, também, muito importante e indispensável, mesmo, que eles sintam firmeza e energia no seu treinador, para que o respeitem e obedeçam.

Os cães não entendem as palavras, devemos disso nos lembrar sempre. Assim sendo, devemos ligá-las aos tons de voz e aos gestos, porque eles relacionam os sons e os tons, aos gestos e, assim, passam a melhor compreender as ordens que recebem. Os comandos, por esses motivos, devem ser dados com firmeza, energia e palavras curtas, quando se tratar de ordens; meigas, quando elogiosas; carinhosas, como elogios ou agrados, porque obedeceram ordens, fizeram um bom trabalho ou quando vão para a cama, dormir, e zangadas, quando para repressões, por algo errado que eles fizeram.

Durante a nossa convivência com os cães e o seu treinamento, devemos demonstrar-lhes, sem dúvidas, o que queremos. Isso é muito importante, porque eles não podem adivinhar as nossas intenções ou desejos e, por isso, o que devem fazer ou como agir.

A comunicação do homem com os cães é, até, relativamente fácil, através da sua "linguagem" especial (vide Capítulo XVI) bastante fácil de ser entendida.

Por serem muito inteligentes e sensíveis, se não forem bem treinados e com a firmeza e a energia necessárias, os cães percebem a fraqueza do seu dono, passando a dominá-lo e chegam até a se transformarem em "donos" da casa, porque as pessoas que nela habitam, passam a viver em função desses cães, dos seus hábitos ou costumes, das suas emoções e dos seus humores ou estados de espírito. Pelos problemas que podem acarretar, não devemos deixar que os cães aprendam a abrir portões, portas ou janelas, para impedir que eles fujam, sejam roubados, sofram algum acidente ou desapareçam.

As pessoas que tratam os cães com impaciência, gritos e brutalidade, nada conseguem e ainda demonstram que não apresentam as condições necessárias para treiná-los, pois isso requer muita paciência, delicadeza e carinho. Os cães, por sua vez, devem obedecer imediatamente e sem preguiça, às ordens que lhe são dadas pelo seu dono ou treinador. Quando acertam, devemos elogiá-los e fazer-lhes agrados e carinhos pois, quando agimos dessa forma, eles fazem tudo de boa vontade, esforçando-se para acertar, pois relacionam as manifestações recebidas, ao fato de haverem acertado. As ordens, porém, devem ser curtas, simples, claras e precisas e os cães tratados com justiça, bondade e carinho.

Quando eles as reconhecem como seus chefes ou líderes, as pessoas mais indicadas para treinar cães, são os seus próprios donos, porque são as que, geralmente, melhor os conhecem. Para treiná-los, no entanto, calma e paciência são fatores importantes, porque não devemos ter pressa, insistindo para que aprendam várias coisas em pouco tempo, porque isso pode deixá-los confusos e desorientados, concorrendo para que os resultados sejam os mais desagradáveis e piores possíveis. As ordens devem ser claras, precisas e até enérgicas, mas sempre dadas com justiça, bondade e carinho.

As ordens verbais dadas aos cães, podem ser, aos poucos, substituídas por gestos, como veremos, mais adiante, no presente capítulo.

17.5. REGRAS

Na sua convivência com o homem e durante o seu treinamento, é necessário seguir algumas regras, entre as quais, não castigar os cães por uma falta, mas permitir que a repitam dando-lhes a oportunidade para isso. Quando merecerem, eles devem ser estimulados com elogios, carinho, recompensas e até com guloseimas. Quando for preciso, no entanto, devemos repreendê-los e até castigá-los.

Por mais inteligentes que sejam e tendo, inclusive, um Q.I. elevado, eles possuem uma inteligência limitada, não deixando de "pensar" e de se comportar como animais sendo, por esses motivos, necessário controlar e orientar o seu comportamento. Um cão, por exemplo, que nunca brigou, quando tem a sua primeira luta, está agindo de maneira natural, pois lutar faz parte da sua natureza. Um cão sempre obediente, quando está brigando, mesmo que o seu dono o chame, não o atende, embora o respeite e o considere como o seu chefe ou líder, porque não foge da luta, para não se desmoralizar.

Apesar de os cães serem inimigos naturais de outros animais como, por exemplo, dos gatos, quando são criados juntos ou a "apresentação" entre eles é feita com as devidas precauções, eles se acostumam uns com os outros, tornando-se companheiros e até amigos. Muitas cadelas chegam a amamentar ninhadas completas de gatinhos e cuidam deles até depois de ficarem adultos, considerando-os seus filhos.

17.6. ELES NÃO SÃO SUJOS

Alguns cães, às vezes, se deitam em "sujeiras" como estercos, fezes e sobre carcaças de animais mortos, o que pode parecer um comportamento estranho. Eles, porém, não podem ser considerados "sujos" ou "porcos",

Gaya Arklon Afrikaner's
Macho - 2 anos de idade
Canil Pit Bull Asteca

porque fazem isso por instinto, como o faziam os seus ancestrais selvagens, para "pegarem" um cheiro diferente e poderem surpreender a sua caça, mesmo com um vento desfavorável.

Não devemos deixar os cães aprenderem a abrir portões, portas ou janelas, para impedir que eles fujam, sejam roubados, atropelados por carros ou outros veículos, sofram acidentes e até morram.

17.7. COMO SEPARAR UMA BRIGA

Quando 2 cães estão brigando, não adianta nada bater neles, para apartá-los, porque eles nem sentem as pancadas. O melhor, para isso, é jogar água fria nos seus focinhos. Só devemos, porém, tentar separá-los, quando eles pararem de brigar.

Quando não houver água, seguramos as suas pernas traseiras e depois as puxamos para os lados e para cima, porque essa é a melhor maneira para fazê-los parar de brigar. Não devemos, nunca, separar uma briga, ficando na frente dos cães, para evitarmos levar algumas dentadas. Se eles, porém, estiverem atracados pela boca, podemos usar o *breaking stick*, que é uma cunha plana, de madeira, com mais ou menos 30cm de comprimento e com extremidade fina. Ela deve ser enfiada na boca do cão e girada, o que força o animal a abrí-la.

Quando 2 cães, que sempre foram amigos, começam a brigar, eles o fazem por instinto, como os seus ancestrais o faziam, lutando pela liderança do bando, quando viviam em matilhas.

17.8. INÍCIO DO TREINAMENTO

Deve ser iniciado quando os cães atingem 8 ou 9 meses de idade. Eles não entendem as palavras, mas somente captam os seus sons e tons. Por esse motivo, devemos dar as ordens, mas com palavras curtas e de maneira firme e enérgica; meigas, quando for para elogios; carinhosas, quando eles fizerem um bom trabalho, obedecerem ordens, ou então, em encontros e contatos amigáveis com as pessoas ou quando eles vão dormir.

As ordens devem ser por eles obedecidas, imediatamente, sem vacilar e sem preguiça. Quando os cães acertam e são elogiados, ficam felizes e com vontade de acertar, porque sabem que, acertando, vão receber mais elogios e agrados.

A impaciência, os gritos e a brutalidade, nada resolvem, demonstrando, apenas, que as pessoas não possuem as condições técnicas e psicológicas para dar um bom treinamento aos cães.

17.9. TIRANDO AS "MANHAS"

Não devemos deixar que os cachorrinhos façam, quando pequenos, por mais engraçado e bonitinho que seja, aquilo que não permitiremos quando eles forem maiores. Como exemplos, podemos citar: latir demais; deitar em camas, sofás, poltronas ou cadeiras; pular cercas; roubar comida dos pratos de outros cães ou dos seus donos, de cima da mesa, dos armários, etc.; correr atrás de aves e de outros animais; "caçar" carros que passam; "sujar" dentro de casa, etc.

Devemos nos lembrar, sempre, de que os cães conhecem as pessoas, inclusive o seu dono, mais pelo olfato ou cheiro do que pela visão, bem como não entendem as palavras, reconhecendo, apenas, os seus sons e tons e que reagem de acordo com eles e não com as palavras que lhes são dirigidas. Devemos saber também que, quando esticam ou dão a pata para uma pessoa, é porque querem alguma coisa pois, quando empurravam as mamas da cadela, quando mamavam, delas saia o leite que os alimentava. Por ser muito importante para eles, devemos dar-lhes brinquedos, como ossos artificiais, bolas, bonecos, etc. para que tenham com o que brincar, não precisando usar, para isso, sapatos, chinelos, almofadas, tapetes, etc., principalmente quando ficam sozinhos, em casa pois, geralmente, as estragam ou destroem. Procurar distrair o cãozinho, é uma forma de controlarmos a sua ansiedade.

17.10. O "NÃO"

É uma ordem que deve ser dada, em qualquer circunstância, sempre com energia e em tom zangado, para que o cão a obedeça imediatamente, interrompendo o que estiver fazendo como, por exemplo, latindo, rasgando o forro de um sofá, roendo o pé de um móvel, etc. Quando não parar imediatamente, ao receber a ordem "NÃO", deve ser castigado na mesma hora. Devemos, para isso, bater-lhe com um formal enrolado e, ao mesmo tempo, zangados, repetimos a ordem "NÃO".

Essa ordem, "NÃO", é por nós considerada como a mais importante de todas as ordens dadas a um cão, porque ela poder evitar muitos problemas, às vezes graves, ou até uma desgraça como, por exemplo, quando um cão ataca uma criança e para o ataque, imediatamente, quando recebe a ordem "NÃO", o que a pode salvar de graves ferimentos, de aleijões e até da morte.

Sendo o cão um animal muito inteligente, deve ser tratado com energia porque, se perceber falta de energia ou fraqueza, no seu dono ou treinador, pode até dominá-lo, passando a "dono" da casa, porque as pessoas que nela vivem, passam a se comportar em função desse animal. Devemos, porém, demonstrar-lhe o que desejamos, porque ele não pode adivinhar o que queremos que faça.

O cão, é importante sabermos, pode se comunicar com os homens, naturalmente, à sua maneira, bastando que saibamos interpretar a sua linguagem (veja Capítulo XVI).

17.11. PARA O CÃO NÃO ARRANHAR A PORTA

Muitas vezes, quando um cão quer entrar e encontra a porta da "sua" casa fechada, começa a arranhá-la com as unhas das suas patas da frente para tentar abri-la ou para chamar alguém que o deixe entrar. Não devemos permitir tal atitude do cão porque, além do barulho que ele faz, ainda estraga a pintura da porta. Além disso, normalmente, ele fica chorando, ganindo ou latindo, incomodando ainda mais as pessoas.

Quando isso acontecer, devemos abrir a porta, imediatamente, e lhe dar, com energia e até zangados, mesmo, a ordem "NÃO", para ele parar de arranhar a porta e não mais fazer barulhos. Se, depois, ele tornar a fazer a mesma coisa, damos-lhe, outra vez, a ordem "NÃO" e, com um jornal enrolado, lhe aplicamos uma pancada no focinho e, zangados, repetimos "NÃO", o que, normalmente, o faz ficar quieto, não insistindo mais, para abrir a porta e entrar na casa.

17.12. NÃO MEXER NAS COISAS

Quando o filhote não é treinado, tem o hábito de mexer em tudo o que encontra e o que é pior, o de roer sapatos, almofadas, enfeites, etc. Por esse motivo, o melhor é retirar do seu alcance, tudo o que for possível, principalmente medicamentos, que lhes podem fazer mal, inclusive intoxicar, até que ele seja ensinado a não mexer nas coisas que não deve e que não pode, mesmo. Para evitar que tudo isso aconteça, devemos dar-lhe brinquedos, para que se distraia com eles, esquecendo as coisas e os objetos da casa. Entre eles, podemos mencionar as bolas que, quando jogadas ou rolando pelo chão, o faz sair correndo atrás delas, satisfazendo, assim, o seu instinto de caçador, ou então ossos artificiais ou um osso grande e verdadeiro, de boi e que, pelo seu cheiro, atrai muito mais, o cão, do que qualquer outro objeto.

O seu dono deve, também, ensinar ao filhote, o que ele pode ou não pode fazer, ou seja, o que lhe é permitido e o que lhe é proibido. Para isso, ele deve obedecer a ordem "NÃO".

17.13. VIR ATÉ AO DONO

Assim, que receber a ordem "AQUI", o cão deve sair correndo, na direção da pessoa que o chamou, seja o seu dono ou o seu treinador, mas sem parar pelo caminho. Para que ele obedeça de boa vontade, no começo do seu treinamento, quando ele chegar, devemos recebê-lo com agrados, elogios e até com guloseimas, mesmo que ele não haja obedecido como devia, porque as suas falhas vão sendo corrigidas durante o treinamento, pois o cão sabe que vai ser bem recebido.

Nas suas primeiras aulas, ele pode ser preso a uma guia de 20 a 30cm de comprimento, para que seja puxado, quando não obedecer, imediatamente, a ordem "AQUI" e não sair correndo e parar, sentado, à nossa frente, até receber outra ordem, em geral "JUNTO", para ele se levantar e sentar-se, depois, do nosso lado esquerdo.

Quando ele não vier, quando for chamado, não devemos ir até onde ele está e nem dele nos aproximarmos, mas obrigá-lo a obedecer. Ele pode ser treinado, também, da mesma forma, para atender ao nosso chamado, mas por um assobio, por um apito comum, normal, ou por um apito especial com uma freqüência de onda que o ouvido humano não pode captar, mas que o cão escuta normalmente.

17.14. "JUNTO"

Para andarmos com um cão, normalmente, devemos ensiná-lo a andar junto a nós, no mesmo passo, do nosso lado esquerdo e sem parar, por qualquer motivo e a toda hora. Ele não deve, também, nos arrastar, pela guia presa à sua coleira.

É aconselhável treiná-lo para isso e da seguinte maneira:
1. fazer o cão andar do nosso lado esquerdo, na mesma direção que nós e com a sua cabeça na altura do nosso joelho;

Red Sunny of Best Trump Kennel
Macho - 2 anos de idade
Canil Pit Bull Asteca

2. caso ele comece a se afastar, batemos com a mão, na nossa perna esquerda, e damos a ordem "JUNTO";
3. vamos caminhando mais ou menos no mesmo passo que o cão, mas não deixando que ele se adiante ou se atrase e para isso, puxamos a sua guia;
4. nos primeiros treinos, devemos andar somente em linha reta mas, nos seguintes, em todas as direções;
5. para que o cão não se canse muito, as aulas devem ter uma duração máxima, de 10 a 20 minutos;
6. não devemos dar "puxões" no cão, com a guia e nem lhe bater, com ela, para que ele não relacione a guia com castigo;
7. toda vez que o cão obedecer e fizer bons exercícios, devemos elogiá-lo e acariciá-lo;
8. o cão só deve ser castigado, em último caso;
9. quando ele fizer algo errado, devemos, zangados, dizer-lhe "NÃO";
10. quando o cão merecer, devemos agradá-lo e elogiá-lo, dizendo-lhe, com ternura, "MUITO BEM".

Quando, para o cão andar do nosso lado, não for mais necessário dar puxões na sua guia, podemos dispensá-la e fazer o seu treinamento, sem utilizá-la. Devemos, no entanto, no primeiro dia, mantê-lo na guia, mas sem que ele o perceba, durante o treinamento, soltamos a guia, mas continuamos a andar e a dar as ordens, normalmente. Não havendo nenhum problema, continuamos os exercícios, sem usar a guia mas, sendo preciso, tornamos a prender o animal.

Para haver uma comunicação maior entre nós e o cão, devemos com ele conversar durante os treinamentos, mas mantendo a guia esticada, sem forçá-la, para que a possamos puxar com rapidez, quando for necessário.

17.15. PARAR E SE MANTER DE PÉ

Vamos caminhando normalmente, com o cão do nosso lado esquerdo, paramos e lhe damos a ordem "DE PÉ", "PÉ", "STAY" ou "STEH", que possuem sons semelhantes e, ao mesmo tempo, colocamos a mão no seu focinho. Se ele tentar se sentar, como já aprendeu, damos uns passos para a frente e, forçando a guia para cima, repetimos a operação. Se, porém, ele continuar tentando se sentar, devemos colocar a mão por baixo da sua barriga, forçando-a para cima. Quando ele ficar de pé, devemos elogiá-lo. Esse exercício, também, deve ser feito com a guia e depois, sem o seu uso.

É importante, também, fazer o cão se acostumar a ficar parado e calmo, em locais movimentados e cheio de pessoas a seu redor, para que ele não estranhe e se descontrole no meio de multidões ou quando é apresentado em exposições e até mesmo, quando os juízes dele se aproximam, para o julgamento, o que pode fazer com que sejam desclassificados, se não se comportarem normalmente.

17.16. SENTAR

Para treinar um cão, a sentar, o método é o seguinte:

1. com uma das mãos, puxamos a guia para cima e com a outra, sobre a sua anca ou garupa, fazemos uma pressão para baixo, damos a ordem "SENTA" e o mantemos assim, sentado;
2. se ele tentar se levantar, devemos forçá-lo a ficar sentado e, com energia, ordenamos "SENTA". Quando ele obedecer, devemos fazer-lhe elogios, agrados e carinhos.

17.17. CUMPRIMENTAR

Para fazer o cão ficar nessa posição, devemos:

1. ordenar que ele se sente, normalmente; e
2. segurar cada uma das suas patas da frente, com uma das nossas mãos e as levantar, para o cão ficar na posição vertical, na qual deve permanecer.

Para mantê-lo assim, damos-lhe a ordem "CUMPRIMENTA" e o vamos ajeitando para que ele se equilibre nessa posição. Vamos, ao mesmo tempo, falando com ele, agradando-o, fazendo-lhe elogios e até mesmo, dando-lhe guloseimas, para animá-lo. Com paciência, em poucas aulas, podemos conseguir que ele se mantenha na posição desejada.

17.18. DEITAR

Como é uma posição normal e necessária para o cão, é fácil fazê-lo deitar, quando o mandamos. Devemos, para isso:

1. ordenar que ele fique sentado;
2. seguramos as suas pernas da frente, uma em cada mão e as levantamos, esticando-as um pouco, para a frente, e as colocamos esticadas, no chão;
3. depois, com a mão, fazemos uma pressão para baixo, sobre a sua cernelha e, ao mesmo tempo, lhe damos a ordem "DEITA", obrigando-o a se manter nessa posição, até que receba uma outra ordem.

Outra maneira para treinar o cão a deitar, quando for mandado, é a seguinte:
1. pegamos a guia junto à sua coleira e, com uma das mãos, a forçamos para baixo;
2. damos a ordem "DEITA" e, ao mesmo tempo, com a outra mão, pressionamos o seu corpo, também para baixo, o que o faz ficar deitado.

Existe, ainda, um terceiro método para fazer o cão se deitar, como verificaremos, a seguir:
1. passamos a guia, por baixo da sola de um dos nossos sapatos que, dessa maneira, passa a funcionar como uma talha ou roldana; e
2. puxamos a guia para cima, forçando, assim, o pescoço do cão, para baixo e damos a ordem "DEITA".

Com esse treinamento, em poucos dias, o cão aprende a se deitar, quando receber ordem para isso, e a só se levantar, quando for mandado.

17.19. FINGIR DE MORTO

Deitar de lado é uma posição normal para o cão. Sendo assim, é fácil treiná-lo a se fingir de morto. Basta, apenas, fazê-lo se deitar de lado, quando receber ordem para isso, e a só se levantar, quando receber uma nova ordem.

A ordem para que se finja de morto, pode ser a palavra "MORRE" ou então "MORTO". Elas, porém, podem ser substituídas por um barulho como o de um tiro, ou o gesto com a mão, imitando um revólver atirando.

O cão pode se fingir de morto, ficando em outras posições como, por exemplo, deitando-se de costas, de barriga para cima e com as pernas abertas e esticadas.

17.20. "NÃO" E "PEGA"

Acreditamos serem essas duas, as mais importantes ordens que podemos dar a cão, pois, a 1ª, faz com que ele pare, imediatamente, qualquer coisa que esteja fazendo e a 2ª, que ele ataque um bandido ou malfeitor, evitando roubos, ataques e até agressões a seu dono e a outras pessoas. O cão, porém, deve ser muito bem treinado.

Devido aos perigos que isso pode representar, um cão só deve ser treinado para atacar, por uma pessoa muito competente, um especialista ou treinador com muita prática. O cão só deve atacar quando receber uma ordem para isso, pois um cão mal treinado para atacar, é um perigo muito grande, para as pessoas que dele se aproximarem.

Nós adotamos, e sempre com os melhores resultados, o seguinte método ou tipo de treinamento, para os nossos cães obedecerem as ordens "NÃO" e "PEGA":

1. na ponta de uma corda fina comum ou de náilon, de 2 a 3m de comprimento, amarramos um objeto, de preferência que o cão já conheça;
2. o cão é colocado de pé, à nossa frente, e a uma distância de mais ou menos o comprimento da corda;
3. começamos, a girar a cordinha, bem devagar, para que o objeto a ela amarrado, fique se movimentando em círculos, passando pouco acima e perto da cabeça do cão, que fica acompanhando com o olhar. Toda vez que o objeto passar perto da cabeça do cão, devemos dizer "NÃO";
4. numa das vezes em que o objeto passar perto do cão, e sem que ele espere, damos a ordem "PEGA", para que ele o abocanhe.

Chegamos, então, perto do animal, damos a ordem "LARGA", o elogiamos e o agradamos e continuamos o exercício, fazendo o objeto girar, alternando as ordens "NÃO" e "PEGA" mas vamos, ao mesmo tempo, aumentando a velocidade e a altura do objeto, em relação à do cão.

Além de ser muito bom para treinar o cão a obedecer, esse treinamento é um ótimo exercício para o seu preparo físico e para treiná-lo a saltar para o alto e a pegar objetos em movimento, o que ele passa a fazer com rapidez, grande facilidade e precisão. O cão fica tão bem treinado a obedecer que, mesmo quando dá um grande salto, já com a boca aberta e com o objeto ao seu alcance e até mesmo encostando na sua boca, não a fecha, obedecendo, imediatamente, a ordem "NÃO", para não pegá-lo.

17.21. "PEGA" E "LARGA"

Quando o cão já estiver bem treinado com as ordens "NÃO" e "PEGA", devemos ensiná-lo a obedecer a ordem "LARGA", da seguinte maneira:
1. devemos utilizar, de preferência, o objeto usado no exercício anterior, atirando-o à distância e dando ao cão, a ordem "PEGA";
2. o cão sai correndo para pegá-lo e o traz de volta, na boca, ficando sentando à nossa frente;
3. recebendo a ordem "LARGA", ele solta imediatamente, o objeto, no chão;
4. a quarta e última fase deste treinamento, é darmos a ordem "PEGA", para o cão espantar ou até mesmo atacar pessoas ou animais e, depois, a ordem "NÃO", para que ele não saia em sua perseguição e nem os ataque.

17.22. PARAR DE LATIR

Para fazer um cão parar de latir, podemos dar-lhe a ordem "QUIETO", ou então, fazer um sinal "mão aberta com os dedos bem separados, com a palma da mão para baixo e com um movimento rápido, no sentido horizontal.

No entanto, para conseguir o nosso objetivo, devemos mandar o cão latir e depois, que se cale, dando-lhe a ordem "QUIETO". Esse exercício deve ser repetido, para que ele aprenda a lição.

Na 2ª etapa deste treinamento, damos a ordem "QUIETO" mas, ao mesmo tempo, fazemos o já mencionado sinal com a mão. Quando o cão não quiser calar-se, devemos colocar a mão, na frente do seu focinho, fazendo-o parar de latir.

A 3ª etapa deste treinamento é dar ao cão, a ordem para ele parar de latir, mas fazendo, somente, o sinal com a mão.

17.23. NÃO ACEITAR COMIDA ACHADA OU DADA POR ESTRANHOS

Para o cão não comer uma comida por ele achada em qualquer lugar ou dada por estranhos, ele deve ser treinado, desde pequeno, a comer somente no seu próprio prato, sempre às mesmas horas, no mesmo lugar e de preferência, com o seu comedouro ou com a sua vasilha acima do chão, sobre qualquer apoio, como um caixotinho, um banquinho, um suporte especial, etc.

Importante, também, é não deixar o cão andar solto pela cozinha e pela copa da casa e nem em volta da mesa, durante as refeições do seu dono e de outras pessoas, para evitar que lhe fiquem dando pedaços de pão, de doces, etc., porque isso prejudica o seu regime alimentar, a sua saúde e também, o seu treinamento pois, se acostumado a comer a qualquer hora, certamente começará a roubar comida, quando estiver com vontade pois, para ele, não há diferença entre pegar pedaços ou migalhas, no chão ou tirar a comida que encontrar em cima da mesa, de pias e móveis ou dentro de armários.

Na 1ª etapa do treinamento, para o cão não comer nada que encontre ou que lhe é oferecido por pessoas estranhas, devemos:

1. contê-lo, sempre, pela guia;
2. uma pessoa estranha, deve jogar um pedaço de carne perto do cão;
3. quando ele tenta pegá-lo damos, com energia, a ordem "NÃO";
4. se ele continuar tentando abocanhá-la, pegamos um jornal enrolado e lhe damos uma pancada, repetindo, com energia e muito zangados, a ordem "NÃO".

Esse treinamento deve ser repetido até o cão não tentar, mais, pegar e comer, a carne ou qualquer outra comida que lhe seja oferecida por pessoas estranhas.

A 2ª etapa consiste em:

1. sem ele o perceber, pegamos um pedaço de carne e o colocamos em um local, com o qual já esteja acostumado como, por exemplo, uma praça ou um jardim;
2. soltamos o cão;
3. quando ele descobrir a carne e tentar abocanhá-la, gritamos, com energia, a ordem "NÃO" e, embora não a toque, ele ficará por perto dela;
4. vamos, então, dele nos aproximamos e mandamos que se deite ou que fique sentado e, apontando para a carne, damos, novamente, a ordem "NÃO";
5. começamos, então, a nos afastar, devagar, mas sempre o vigiando, para que, se necessário, dar-lhe, novamente, a ordem "NÃO".

A 3ª etapa deste treinamento, é dar ao cão, a ordem "FIQUE LÁ" e ir dele nos afastando e saindo da sua vista, mas ficando escondido e o vigiando para que ele não pegue a carne.

Para que esse treinamento fique, no entanto, mais completo, é necessário espalharmos, em vários lugares, os mais diferentes alimentos, mas ficando vigiando, para dar a ordem "NÃO",quando o cão tentar pegar algum deles. Devemos repetir esse treinamento, até que ele não tente, mais, comer as comidas achadas por ele, pelo seu caminho.

Quando, porém, o cão não quer obedecer e continua tentando pegar os alimentos que encontra, podemos usar **iscas com gostos rins** como, por exemplo, o de pimenta. Se este método não der os resultados esperados, temos o do **choque elétrico**, mas que deve ser bem fraco. Ele consiste em ligarmos um fio elétrico a um pedaço de carne ou a outro alimento porque, quando o cão nele encostar, leva um choque e o larga. Vários tipos de iscas devem ser espalhados em muitos lugares, para que o cão entenda que a comida achada fora da sua casa e do seu comedouro, dá choque e dá dor, fazendo com que ele não mais as coma, livrando-se, assim, de prováveis intoxicações, envenenamentos, grandes sofrimentos e até da morte.

Como exemplo do grande perigo a que estão sujeitos os cães que comem o que encontram, citaremos um fato real, ocorrido em um bairro elegante, da cidade de São Paulo: mais de 40 cães morreram envenenados por iscas, neste caso, salsichas com veneno para ratos, jogadas nos jardins de todas as casas de uma só rua. Apenas os cães de 2 dessas casas, escaparam da morte, porque, como afirmaram os seus donos, eles foram treinados para não comer nada, fora dos seus pratos.

17.24. BUSCAR UM OBJETO

Os cães devem ser treinados, primeiro, a buscar objetos que estejam à sua vista e a trazê-los para quem os mandou buscá-los. Na segunda etapa deste treinamento, eles devem buscar objetos escondidos, que devem procurar, encontrar, abocanhar e trazer para o seu dono ou treinador.

Como os cãezinhos, desde pequenos, têm o hábito ou a "mania" de pegar tudo o que encontram e de levar para o seu ninho ou a sua cama, isso não é difícil, pois é suficiente, apenas, ensiná-los a buscar os objetos, quando são mandados, e a trazê-los para o seu dono. O seu treinamento, para isso, é o seguinte:

1. ficamos balançando o objeto, na frente do cão e dizendo "TOMA", até que ele o pegue com os dentes;
2. fingimos que vamos tirar o objeto da sua boca mas, ao mesmo tempo, dizemos, "SEGURA";
3. logo que percebermos que o cão não o quer largar, vamos dele nos afastando, mas repetindo "SEGURA";

4. vamos até certa distância do cão, voltamos, e, com as duas mãos, seguramos o objeto que está na sua boca, damos a ordem "LARGA" e puxamos o objeto mas com todo o cuidado para não causar ferimentos na sua boca; se o cão não quiser soltá-lo, basta dar um sopro no seu nariz, que ele o largará.

Quando o cão se recusar a segurá-lo, devemos abrir a sua boca, colocar nela o objeto, mas na posição certa, entre os seus dentes, e depois comprimirmos a sua mandíbula, por baixo, para que a sua boca se mantenha fechada, mas sempre dando a ordem "TOMA", "TOMA". Ele só deve largar o objeto, quando receber a ordem "LARGA". O cão, com esse treinamento, passa a segurar e a largar objetos, somente recebendo as ordens "TOMA" e "LARGA".

Quando o cão já estiver bem treinado a pegar objetos parados, deve ser ensinado a pegar objetos que são jogados na hora e que ele deve ir buscar quando receber as ordens "TOMA" e "BUSCA", bastando depois, somente a ordem "BUSCA". O melhor para treinar o cão, neste exercício, é o uso de um haltere de madeira ou de plástico resistente.

No início do treinamento, podemos usar uma corda ou guia de 10 a 20m de comprimento. Quando o cão pegar o objeto, damos a ordem "AQUI" e puxamos a guia, para que ele volte logo, não venha devagar, se distraia ou pare pelo caminho, fique brincando, etc. Quando chegar, ele deve ficar sentado à nossa frente e nós o devemos elogiar e acariciar. Somente depois disso é que damos a ordem "LARGA", para ele soltar o objeto e nós o pegarmos. Damos, então, a ordem "JUNTO", para que ele fique do nosso lado esquerdo, mas o elogiando e o acariciando, como recompensa pelo exercício bem feito.

O objeto deve ser colocado cada vez mais longe, a cada exercício, e o cão começa a trabalhar sem a guia, aprendendo, também, que só deve sair correndo, para buscar o objeto, quando receber a ordem "BUSCA" e não na hora em que ele é atirado. O melhor é dar a ordem "DEITA", quando o cão ficar muito indócil para correr. Quando o cão voltar muito devagar, devemos chamá-lo, mas nunca ir atrás dele. Devemos animar o cão, durante os treinamentos, elogiando-o e fazendo-lhe agrados e carinhos.

17.25. GUARDAR IMÓVEIS, VEÍCULOS, ETC.

Os *Pit Bulls* são ótimos cães de guarda, além de excelentes companhias. Eles podem ser treinados para guardar, desde malas e embrulhos a veículos como ônibus, caminhões e suas cargas, automóveis, motocicletas, etc., não permitindo que estranhos mexam neles. Os cães, porém, devem ser treinados para os atacar, somente se eles tentarem invadir os imóveis em que vivem ou roubarem os veículos ou coisas que se encontrem no seu interior. Antes, porém, de atacar o invasor ou o ladrão, ele deve rosnar, latir e lhe mostrar os dentes, para então, se a pessoa não recuar e fugir, iniciar o seu ataque.

17.26. NADAR

Principalmente quando faz calor, o *Pit Bull* gosta de se refrescar com água, se molhando, nadando ou tomando banho. Ele sabe nadar muito bem, bastando ensiná-lo a obedecer para entrar na água ou dela sair. Nadar é bom para o cão, pois é um ótimo exercício, mas que deve ser controlado, para que ele não se canse muito e possa, até, ficar exausto.

É preciso porém, tomar muito cuidado para o cão não entrar às escondidas, dentro de piscinas ou de tanques, porque eles podem nadar demais, ficar muito cansados e não conseguir deles sair, porque as suas bordas são muito altas e escorregadias, morrendo afogados, se não forem socorridos e retirados, rapidamente, da água.

17.27. MERGULHO

O *Pit Bull* tem uma grande capacidade para mergulhar e o faz com grande facilidade, naturalidade e cóntrole. Essa sua capacidade para mergulhar é tão notória, que ele já está sendo treinado para buscar objetos no fundo de piscinas e de outras coleções de água, e para salvar pessoas que estejam se afogando.

Já existem, mesmo, competições de mergulho, de *Pit Bulls*, como esporte organizado, em duas modalidades. Para praticá-lo, colocamos, no fundo da piscina, um objeto que nele permaneça e, de preferência, do qual o cão goste. A primeira modalidade consiste em colocar o cão, na beirada da piscina, fazendo-o saltar na água e mergulhar para buscar o objeto colocado, normalmente, a uma profundidade de 1,80m. Vence o cão que o fizer em menor tempo. Na segunda modalidade, o cão vem disparado, de uma certa distância e já com um certo impulso e mergulha na água, para pegar o objeto a 1m de profundidade.

17.28. SALTAR EM DISTÂNCIA

Para cães de guarda, esse treinamento reveste-se de grande importância, principalmente quando eles tomam conta de grandes áreas. Ele é bastante fácil, porque basta o cão correr do nosso lado e saltarmos juntos, uma valeta de 40 a 60cm de largura, ao lhe darmos a ordem "SALTA", para que ele relacione esta ordem, com o ato de saltar a valeta, cuja largura deve ser aumentada, aos poucos, com o correr do treinamento. As bordas da valeta devem ser bem firmes, para não desmoronarem.

17.29. SALTAR EM ALTURA

Mesmo sem nunca haverem sido treinados, os cães, muitas vezes, dão saltos bem altos. O seu treinamento para saltar, no entanto, é para que, sempre que receberem ordem, saltem os obstáculos indicados. É preciso, porém, seguir as normas:

1. só treinar o cão depois que ele atingir 1 ano pois, antes dessa idade ele não completou o seu desenvolvimento e, por esse motivo, os seus músculos, os seus tendões e os seus ossos ainda não estão, consolidados e fortes o necessário para esses exercícios, o que poderá fazer-lhes sofrer fraturas, luxações e defeitos de conformação, especialmente em seus membros e em seus aprumos;

2. no caso de o cão já apresentar um dos defeitos citados no item anterior, não deve ser submetido a esse tipo de treinamento, pois ele, certamente, fará com que ele se acentue, com a intensidade dos esforços que lhe forem exigidos;

3. devemos, antes de iniciar o treinamento, verificar se o cão tem maior facilidade para saltar alturas ou distâncias. Não há muitas dificuldades para isso, pois basta observar o seu comportamento, quando pula os obstáculos: se saltar com as pernas esticadas, provavelmente, melhor se adaptar ao salto em distância e quando as encolhe, terá maior habilidade para os saltos em altura. Após estas observações é que poderemos decidir em que tipo de salto vamos treiná-lo;

4. devemos verificar se o cão tem preferência por algum tipo de obstáculo; se recusa a saltar algum; se tem medo de algum obstáculo ou de um arranjo de obstáculos; se pula mais perto ou mais longe do obstáculo, etc.;

5. verificar se o cão sente prazer nos treinamentos, se os pratica de boa vontade ou contrariado e de má vontade, e que só o faz, porque é obrigado;

6. o treinamento do cão pode ser feito, normalmente, não só, ao ar livre, mas também, dentro de um galpão, de uma casa ou de um

apartamento, desde que seja levado, em consideração, o local e o espaço destinado aos seus exercícios.

As técnicas para iniciar o treinamento do cão variam, como verificaremos, a seguir:

1. prendemos o cão a uma guia comprida, de 10 a 20m de comprimento e o mandamos se sentar de frente para o obstáculo e a uma certa distância dele;
2. passamos a guia por cima do obstáculo e ficamos do outro lado;
3. chamamos o cão pelo nome, puxamos a guia e lhe damos a ordem "AQUI";
4. na hora em que o cão for saltar o obstáculo, damos as ordens "UPA", "AP", "OP" ou "HUP";
5. depois que saltar o obstáculo, o cão deve voltar correndo e sentar-se à nossa frente, como aprendeu em aulas anteriores.

Nessa hora, devemos elogiá-lo e acariciá-lo e, logo a seguir, lhe dar a ordem "JUNTO" e, obedecendo, ele dá uma volta por trás das nossas costas e se senta junto à nossa perna, do nosso lado esquerdo.

A 2ª maneira para treinar um cão a saltar, é bastante simples, bastando, para isso:

1. colocamos um obstáculo baixo, um pouco mais alto, somente, do que a barriga do animal;
2. com o cão caminhando do nosso lado esquerdo, damos a ordem "TROTE" e, correndo juntos, saltamos o obstáculo;
3. durante o caminho até o obstáculo, enquanto andamos e corremos, devemos ir falando com o cão, para que ele se distraia e não se concentre nele. Na hora de saltar, damos a ordem "UPA". Devemos repetir esse exercício várias vezes, mas sem deixar o cão muito cansado.

Este treinamento tem uma 2ª etapa, que se desenvolve do seguinte modo:

1. corremos como cão trotando do nosso lado esquerdo;
2. chegando ao obstáculo, dele nos desviamos, deixando o cão seguir na sua direção, para saltá-lo;
3. na hora do salto, largamos a guia e damos a ordem "AP" ou outra equivalente, já mencionada; e
4. após o cão saltar o obstáculo, lhe damos a ordem "JUNTO". Com o treinamento, o cão se acostuma a saltar, normalmente e, a altura do obstáculo deve ser aumentada gradativamente.

A 3ª etapa deste treinamento, é ensinar o cão a saltar sozinho, sem estar preso à guia e somente obedecendo às ordens, da seguinte forma:

1. andamos com o cão do nosso lado esquerdo e paramos a uns 2 ou 3 metros antes do obstáculo;
2. para alertar o cão, dizemos o seu nome e damos a ordem "U-PA", que ele deve obedecer imediatamente, saltando o obstáculo;
3. depois de dar o salto, o cão deve voltar e sentar-se à nossa frente, até receber uma outra ordem.

17.30. SALTAR NA IDA E NA VOLTA

Somente depois que o cão já estiver bem treinado, saltando os obstáculos, normalmente, é que devemos passar à 2ª fase deste treinamento, que consiste em fazer o cão saltar o obstáculo, na ida e na volta, para isso, agimos da seguinte maneira:

1. ficamos de um lado do obstáculo e o cão do outro lado, sentado e de frente para ele;
2. o cão é chamado pelo nome, nós lhe damos a ordem "UPA" e, quando está bem treinado, sai correndo para ele e o salta;
3. se o cão não o saltar, diminuímos a altura do obstáculo;
4. prendemos o cão pela guia; e
5. repetimos a ordem "UPA", para ele saltar mas, ao mesmo tempo, o puxamos pela guia, porque, normalmente, ele irá obedecer e saltará o obstáculo, no sentido contrário ao normal.

17.31. SALTAR OBSTÁCULOS E BUSCAR OBJETOS

Para que o cão salte o obstáculo e vá buscar um objeto, devemos dar-lhe as ordens "UPA" e depois a ordem "BUSCA", ambas já por ele conhecidas.

Na volta, e já trazendo o objeto na boca, ele deve saltar o obstáculo, novamente, mas em sentido contrário, sentar-se à nossa frente, mas só o largar, quando receber a ordem "LARGA". Damos, depois, a ordem "JUNTO", para ele se sentar do nosso lado esquerdo.

O obstáculo vai sento aumentado, gradativamente, e o cão deve ir buscar o objeto, mesmo que não o esteja vendo e que tenha que procurá-lo.

17.32. ESCALAR MUROS, PAREDES E BARRANCOS

Esse treinamento só deve começar depois que o cão já estiver bem treinado a saltar obstáculos altos. Para fazer as escaladas, ele deve tomar bastante velocidade e se lançar o mais alto possível, no obstáculo e ir subindo por ele, com o auxílio das patas e unhas, até firmar as dianteiras, na beirada ou borda do muro, da parede ou do barranco e depois, puxar o corpo para cima, firmar também, as patas traseiras e saltar, para o outro lado.

O treinamento deve se desenvolver da seguinte maneira: levamos o cão para junto do obstáculo, neste caso, parede, muro ou barranco, apontamos para cima e damos a ordem "UPA", para que ele compreenda que é para ele fazer a sua escalada. Como esses saltos cansam o cão e forçam muito, as suas patas, devem ser repetidos poucas vezes. Além disso, depois de cada salto, o cão deve ser examinado, para verificarmos se ele não se machucou ou teve alguma lesão, para que paremos os exercícios, evitando que aumentem os seus sofrimentos. Muitas vezes, o próprio cão se recusa a obedecer e saltar, porque está sentindo muitas dores, causadas pelos grandes choques ou impactos que sofre e que forçam muito, as suas pernas, nos saltos que eles executam. Nesses casos, o cão não deve ser forçado a saltar, para que não aumentem os seus sofrimentos.

Como as pernas do cão, nesses saltos, recebem grandes impactos, isso pode prejudicar bastante, os seus aprumos e causar traumatismos, às vezes sérios e dores bastante fortes.

Como, no treinamento, o cão vai melhorando a sua capacidade para fazer escaladas, a altura dos obstáculos deve ser gradativamente, aumentada. Quando o cão faz bem feitos, os exercícios, devemos elogiá-lo fazer-lhe agrados e dar-lhe alguma guloseima.

17.33. ANDAR À FRENTE

Esse treinamento deve ser feito com o auxílio de um ajudante, de preferência, uma pessoa já conhecida do cão, e do seguinte modo:
1. seguindo o nosso ajudante, a uns 40 ou 50m à frente, vamos andando, normalmente, tendo o cão do nosso lado esquerdo;
2. damos, de repente, ao cão, a ordem "À FRENTE" e, com a mão e o braço, bem esticados, apontamos, ao mesmo tempo, na direção em que ele deve andar, isto é, na direção do ajudante;
3. recebendo a ordem "À FRENTE", o cão deve, imediatamente, sair correndo, na direção indicada, sem parar ou olhar para trás;

4. se ele ficar parado ou olhando para trás, quando receber a ordem "À FRENTE", o ajudante deve chamá-lo, imediatamente, mas sem parar e continuando a andar e a se afastar;

5. repetir esse treinamento, até o cão aprender, e só parar quando receber a ordem "DEITA". Se ele não obedecer, devemos prendê-lo com a guia, e com ela, freá-lo, para que pare e deite, quando receber ordem;

6. esse exercício deve ser repetido quantas vezes forem necessárias, até que o cão obedeça, mesmo sem a guia ou o auxílio do ajudante.

Existe, também, um método para treinarmos o cão, mas sem a ajuda de outra pessoa, mas com o uso, apenas, de um haltere ou de qualquer outro objeto de fácil manuseio. Devemos agir da seguinte forma:

1. com o cão caminhando normalmente, do nosso lado esquerdo, mandamos que se deite e que fique quieto, mas nós continuamos a andar, fazendo-o ver quando colocamos o objeto, no chão;

2. retornamos para junto do animal e lhe damos as ordens "À FRENTE" e "BUSCA", que ele, imediatamente, deve obedecer e sair disparado, para pegar o objeto e trazê-lo de volta;

3. agimos do mesmo modo, nas próximas vezes, mas fingimos, apenas, que jogamos o objeto e damos a ordem "À FRENTE", para o cão ir buscá-lo mas, quando ele correr uma certa distância, damos a ordem "DEITA";

4. com a repetição dos exercícios, o cão começa a obedecer as ordens e passa a caminhar à nossa frente, com a maior naturalidade;

5. todas as vezes em que dermos a ordem "À FRENTE", devemos apontar, sempre, a direção que o cão deve seguir, se ele ficar em dúvida sobre o rumo a ser tomado.

17.34. ATACAR

O cão, por instinto, defende o seu dono, mesmo que tenha de atacar homens ou animais. É aconselhável, no entanto, que ele tenha um treinamento de ataque e defesa que, no começo, deve ser feito com o animal preso a uma guia, para que possa ser controlado. É importante, porém, que o cão seja treinado a só atacar depois de latir, denunciando o perigo, para evitar que ele ataque uma pessoa ou um animal, quando isso não for necessário e até prejudicial.

Um cão mal treinado representa um perigo permanente e muito grande, porque ele pode atacar, sem dar, antes, um aviso, o que pode se transformar em uma catástrofe, quando ele estiver em um local público, em uma multidão, ou em uma casa freqüentada por estranhos, inclusive por crianças, parentes e amigos.

O cão deve ser treinado para latir, primeiro, denunciando a presença de uma pessoa, mesmo que ela esteja escondida. Ou melhor, para que ele treine a se comportar dessa maneira, é pegarmos um boneco e pedirmos para que uma pessoa o esconda, por exemplo, em qualquer lugar do jardim, mas somente depois de passarmos por ele, com o cão que, naturalmente, nada notou de anormal, porque nada havia, no local.

Passamos, depois, outra vez, pelo mesmo local. Se o cão não perceber, novamente, a presença do boneco, nós o devemos mostrar a ele e o mandar latir. Esse exercício, sendo repetido muitas vezes e em diversos lugares, ao perceber o boneco, o cão começa logo a latir. Devemos também, durante estas lições, ensinar o cão a só atacar se e quando receber uma ordem para isso, e nunca, sem receber essa ordem.

Esse treinamento tem uma segunda fase, na qual o boneco deve ser substituído por uma pessoa, para que o cão comece a latir, assim que perceber a sua presença, caminhe na sua direção, a descubra e fique latindo mas não a ataque, se o seu acompanhante não lhe der a ordem para isso.

Na 3ª etapa desse treinamento, o cão deve ser treinado para só atacar quando a pessoa ameaçá-lo, tentar agredi-lo ou tentar fugir.

Para completar o seu treinamento, devemos levar o cão para o campo, para trabalhar com ele solto, sem a guia, mas com a presença do boneco. Se o cão ficar somente latindo, para denunciar a sua presença, mas não tentar atacá-lo, isso indica que ele assimilou o treinamento, aprendendo o que lhe foi ensinado, ou seja, latir, denunciando a presença de um estranho, mas sem atacá-lo, imediatamente. O cão não deve, nunca, esbarrar no boneco porque, daí a mordê-lo é muito fácil. Se ele o atacar, prova, com isso, que não está preparado, ainda, para trabalhar livre, solto e sem a guia, e que o seu treinamento deve ser repetido, mas com ele contido pela guia.

Quando o considerarmos "pronto" ou seja, preparado, o boneco deve ser substituído por pessoas que não devem, nunca, irritar o cão, mas apenas ficar paradas, mesmo que seja somente para provocar os seus latidos. Independente disso tudo, todas as ordens devem ser dadas pelo treinador do cão.

17.35. REVISTAR UM TERRENO

Para aprender a revistar um terreno, é necessário que o cão já esteja bem treinado a andar à nossa frente.

O seu treinamento deve ser o seguinte:
1. contendo o cão pela guia, seguimos em zigue-zague, pelo terreno;
2. todas as vezes em que mudarmos de direção, apontamos determinado ponto, com a mão e o braço bem esticados, chamamos o cão pelo nome e lhe damos a ordem "À FRENTE", "REVISTA";
3. para fazer esses exercícios, devemos colocar, mas sem que o cão veja ou perceba algum movimento, pessoas e diversos objetos diferentes, espalhados pelo caminho;
4. vamos andando com o cão e, em todas as vezes que ele encontra uma pessoa ou algum objeto, damos a ordem "LATE" e ele deve ficar latindo até receber a ordem "QUIETO".

17.36. 2ª FASE DESTE TREINAMENTO

Passamos a esta fase do treinamento, quando o cão já estiver bem treinado a latir, denunciando a presença de pessoas e de objetos que vai encontrando pelo caminho. Nesta fase, o cão não fica mais, preso à guia, como na 1ª fase, mas trabalha solto. Outra diferença, é que encurtaremos o nosso caminho, não mais andando em zigue-zague. O cão, no entanto, continua a "varrer" todo o terreno. Devemos, para isso:
1. empregar as mesmas ordens "À FRENTE" e "REVISTA", quando o cão chegar às extremidades do terreno;
2. ele deve latir, todas as vezes que encontrar pessoas ou objetos e só parar quando receber a ordem "QUIETO".

Depois que o cão já estiver bem treinado nesses exercícios, deve passar para a próxima fase deste treinamento.

17.37. 3ª FASE DESTE TREINAMENTO

Embora seja realizada da mesma forma que as 2 fases anteriores, nesta fase, nós seguimos em linha reta, enquanto que o cão continua a "varrer", revistando, todo o terreno. Depois de bem treinado nesta, passa à fase seguinte.

17.38. 4ª FASE DESTE TREINAMENTO

Esta fase é bem diferente das fases anteriores, porque ficamos parados em um mesmo lugar e, daí, damos as ordens para o cão revistar o terreno, o que ele já faz, sozinho, quando é bem treinado.

Quando o cão foi bem treinado nas 2ª e 3ª fases, devemos eliminar a ordem "REVISTA" e a substituímos pelas ordens dadas com a mão e os braços bem esticados, na direção desejada, e a ordem "À FRENTE".

Durante todo o treinamento, é importante e indispensável, mesmo, termos calma e paciência com o cão. Além disso, sempre que ele trabalhar bem e fizer um exercício bem feito, devemos recompensá-lo agradando-o com palavras meigas e suaves, carinhos e até mesmo, com guloseimas.

Os cães podem aprender a fazer um grande número de coisas mas, cremos nós, o apresentado neste trabalho, de um modo geral, já deve satisfazer os desejos da grande maioria dos proprietários de cães.

Existem, também, cães treinados para localizar minas terrestres, evitando, assim, a mutilação de milhões de pessoas; cães treinados para descobrir drogas ou tóxicos, em bagagens, veículos, etc.

Os cães são, também, empregados, com o maior sucesso, pelas polícias, em todo o mundo, inclusive no Brasil, e nos serviços mais variados, perigosos e impossíveis, muitas vezes, de serem executados por homens, salvando, assim, a vida de milhões de pessoas.